KB272498

당신의 글쓰기가 돈이 된다

당신의 글쓰기가 돈이 된다

당신의 글쓰기가 돈이 된다

내 글을 자산으로 바꾸는 실전 글쓰기 가이드

초 판 1쇄 2026년 04월 21일

지은이 윤창영, 박미향
펴낸이 류종렬

펴낸곳 미다스북스
본부장 임종익
홍보국 김가영
편집장 이예나, 안채원, 김은진
디자인 임인영, 윤가희, 윤영빈
책임진행 국소리, 송가희

등록 2001년 3월 21일 제2001-000040호
주소 서울시 마포구 양화로 133 서교타워 711호, 808호
전화 02) 322-7802~3
팩스 02) 6007-1845
블로그 http://blog.naver.com/midasbooks
전자주소 midasbooks@hanmail.net
페이스북 https://www.facebook.com/midasbooks425
인스타그램 https://www.instagram.com/midasbooks

© 윤창영, 박미향, 미다스북스 2026, *Printed in Korea*.

ISBN 979-11-7355-878-8 03190

값 19,000원

미다스북스는 다음세대에게 필요한 지혜와 교양을 생각합니다.

당신의 글쓰기가 돈이 된다

내 글을
자산으로 바꾸는
실전
글쓰기 가이드

윤창영, 박미향 지음

미다스북스

글로 먹고살 수 있습니까?

글로 살아남는다는 것

인문학 카페 '이야기 끓이는 주전자'에는 늘 사람들의 온기가 머물렀다. 이름처럼 그곳은 단순히 커피를 마시는 공간이 아니라, 생각과 이야기가 끓어오르는 곳이었다. 인간의 무늬를 그리는 인문학의 장으로서, 미술과 철학, 와인 모임과 글쓰기, 책쓰기, 영화 인문학, 독서 모임, 음악회까지 다양한 만남과 배움이 이어졌다. 그 공간에는 저마다의 삶을 안고 온 사람들이 드나들었고, 그들의 이야기 또한 각기 다른 색과 결을 지니고 있었다.

그중에서도 유독 활발했던 것은 글쓰기와 책쓰기, 그리고 독서 모임이었다. 말로는 다 담아내지 못했던 삶의 무게와 기억들이 글을 통해 드러났고, 그 과정에서 사람들은 자신을 조금 더 깊이 이해하게 되었다.

바로 그곳에서 우리는 책쓰기 컨설팅과 자서전 대필이라는 새로운 길을 함께 걷기 시작했다. 이 책은 바로 그 여정의 기록이다. 글을 통해 어떻게 삶을 이어가고, 또 어떻게 그것이 직업이 될 수 있었는지에 대한 이야기다.

많은 이들이 묻는다.

"글로 돈을 버는 일이 떳떳한 일인가요?"

그 질문에는 여전히 '글은 순수해야 한다'라는 오래된 편견이 담겨 있다. 그러나 국립국어원에서는 '직업'이란 생계를 유지하기 위해 지속해서 종사하는 일이라 규정하고 있다. 그렇다면 글을 쓰는 사람 역시 자신의 노동으로 삶을 유지할 수 있어야 한다. 글이 돈이 되지 않는다면, 그것은 직업이 아니라 취미에 머물 수밖에 없다.

글쓰기는 어떻게 돈이 되는가?

현실은 냉정하다. 책을 출간하고 인세만으로 살아가는 일은 극히 일부에게만 허락된 길이다. 자신의 이름을 알리고, '나의 글'로만 생계를 유지하기까지는 오랜 시간과 자원이 필요하다. 그 과정에 많은 이들이 지치고, 포기한다. 그러나 어떤 일이든 노력하면 길이 보인다.

우리는 그 길을 '나의 글'이 아닌 '누군가의 삶'을 책으로 만드는 것을 도와주는 것에서 찾았다. 우리는 대필과 코칭을 통해 수많은 사람을 만났다. 그들은 자신의 이야기를 꺼내놓았고, 그 이야기들은 단 하나도 같지 않았다. 어떤 이는 눈물로 지난 시간을 되짚었고, 어떤 이는 웃음 속에 아픔을 숨기고 있었다. 우리는 그들의 말을 글로 정리하며 깨달았다. 대필과 책쓰기 컨설팅은 단순히 문장을 매끄럽게 만드는 일이 아니라, 한 사람의 인생을 다시 바라보고, 흩어진 기억을 엮어 의미를 부여하는 작업이라는 것을.

글을 쓰는 과정에서 사람들은 자신도 몰랐던 감정과 마주한다. 잊고 있던 시간을 다시 떠올리고, 그 안에서 새로운 자신을 발견한다. 그리고 그 변화의 순간을 곁에서 함께하는 일은, 우리에게도 깊은 배움과 성장을 안겨주었다. 남의 글쓰기를 돕는다는 것은 결국 우리 자신의 글을 다시 배우는 일이기도 했다.

글쓰기는 단순한 생존의 수단을 넘어, 삶의 가치를 만들어내는 일이다. 한 권의 책이 누군가의 인생을 바꾸고, 한 문장이 누군가의 마음을 움직인다. 글은 눈에 보이지 않지만, 분명히 세상을 조금씩 변화시키고 있다.

세상은 여전히 묻는다.

"글로 먹고살 수 있습니까?"

그 해답이 이 책 속에 담겨 있다. 이 책 속에는 글로 돈을 번 우리의 많은 스토리와 책을 출간하는 방법이 담겨 있다.

글쓰기로 충분히 먹고살 수 있습니다

어떻게 보면 길이 없는 들판에 길을 만들며 걸어왔다는 생각이 든다. 그만큼 힘이 들었고 시간이 오래 걸렸다. 그리고 글은 돈이 되지 않는다는 편견을 극복하려 애를 쓰며, 글도 돈이 된다는 것을 증명하려 했다.

요즘은, 글쓰기의 중요성이 과거 어느 때보다 훨씬 더 커졌다. 예전에는 작가나 기자처럼 '글을 업으로 삼는 사람들'만 글을 잘 써야 한다고 여겼지만, 지금은 누구나 글을 써야 하는 시대다. 문자 메시지부터 유튜브, 블로그, 페이스북, 인스타그램, 밴드 등 우리는 하루에도 수없이 많은 글을 읽고 쓰며 살아간다. SNS 시대는 곧 글쓰기 시대이며, 글이 곧 나를 보여주는 시대다. 말 한마디보다 짧은 한 줄의 글이 훨씬 더 큰 울림을 주는 세상. 그래서 글을 잘 쓴다는 건 곧 '글쓰기가 경쟁력'을 가진다는 의미이기도 하다.

더 이상 글쓰기는 특정인의 전문 기술이 아니다. 자신을 알리고, 콘텐츠를 만들고, 관계를 이어가는 데 있어 글은 누구에게나 필수가 되었다. 그만큼 책쓰기에 도전하는 사람도 점점 많아지고 있으며, 자신만의 콘텐츠를 만들어 수익화하고 싶은 이들도 늘어나고 있다. 그리고 그 시작점이 바로 '한 권의 책'일 수 있다.

우리는 그 길을 앞서 걸었다. 그리고 확신하게 되었다. 글은 잘 못 써도, 책은 낼 수 있다. 책은 문학적 재능이 뛰어난 소수만의 전유물이 아니다.

누구나 자기만의 경험과 시선을 담을 수 있다면, 그것으로 충분하다. 수많은 글쓰기 초보자들이 자기만의 주제와 목소리로 책을 완성해내는 모습을 봐왔고, 그 경험을 통해 깨달았다. 책을 쓰는 데 필요한 것은 문장력보다도 의지와 구조화된 방법론이라는 것을.

이 책은 바로 그 이야기를 담고 있다.

우리는 어떻게 글을 써서 돈을 벌었는가.
어떻게 책을 낼 수 있는가.

당신도 어떻게 글로 돈을 벌 수 있는가.

그리고 돈이 되는 다양한 방법을 3부로 서술했다.

1부에는 글쓰기 금광에서 금맥 찾는 법, 책쓰기 컨설팅으로 돈을 버는 법, 대필 작가로서의 경험 등을 담았다. 2부에는 책쓰기가 삶의 길을 만든 과정을 담았고, 3부에는 관공서 프로젝트를 수행한 스토리 등이 서술되어 있다.

우리는 돌아가며 여기까지 오느라 많은 고생을 했고 많은 시간을 허비했다. 하지만 이 책을 읽는 독자라면 우리처럼 곡선으로 가지 말고 직진하기

바란다. '글쓰기는 캐기만 하면 금이 나오는 금광'이라는 확신을 가지고 새롭게 글쓰기로 돈을 버는 방법을 시도해 보라는 것이다. 편견의 안개 속에 방황하지 말고 이 책이 안내하는 길을 따라 걷기를 기대한다. 그러면 어느 순간 글도 돈이 되는 그 지점에 서 있는 자신을 만나게 될 것이다.

2026년 4월

박미향, 윤창영

글쓰기도 돈이 된다

1장 글쓰기라는 금광에서 금맥 찾기

2장 책쓰기 컨설팅으로 더 큰돈을 벌어라

2부

책쓰기가 삶의 길을 만든다

1장　명확한 콘셉트로
　　　기획 출간하라

관공서 책쓰기 사례
및 각종 제안서

1장 관공서 책쓰기
사례

2장 책쓰기
제안서

글쓰기도 돈이 된다

|| 윤창영 ||

1부

글쓰기라는
금광에서
금맥 찾기

글쓰기가
돈이 될까?

글쓰기가 돈이 될까? 돈이 된다. 정확히 말하면, 작가는 얼마든지 수익 구조를 만들 수 있다. 우선, 책 자체가 하나의 자산이 된다. 단순히 인세만 바라본다면 책은 '돈 안 되는 것'처럼 보일 수 있다. 실제로 인세 10% 기준으로 정가 15,000원인 경우, 책이 1천 권 팔려야 150만 원이 된다. 하지만 중요한 건 책이 만든 신뢰와 브랜드 가치가 파생 수익을 만든다는 점이다. 책을 낸 후에는 강연, 출판 컨설팅, 브랜딩 코칭, 자서전 대필, 글쓰기 지도 등으로 수익을 다각화하고 있다. 그렇지만 베스트셀러가 되면 집을 한 채 사고도 남을 만큼의 인세를 받을 수 있다. 처음부터 베스트셀러 작가가 되기는 어렵지만, 글을 써서 책으로 출간한 작가라면 누구나 그 가능성은 가지고 있다.

베스트셀러 작가가 되기는 힘이 들지만 책쓰기를 통해 돈을 벌 수 있는 방법 중 대표적인 것이 필자의 팀(박미향 대표, 윤창영)이 하는 자서전 컨설팅이다. 인터뷰를 통해 대필 형식으로 자서전을 완성하는 프로젝트는 건당 1,000만 원에서 2,000만 원 이상까지 수익화가 가능하다. 이는 단순히 글을 대신 써주는 것이 아니라, 인생을 구조화하고 의미를 정리해 주는 의미 깊은 작업이다. 또 다른 방식으로, 직접 글을 쓰고 싶은 사람에게 콘셉트를 잡아주고 글을 완성하도록 돕는 컨설팅은 건당 500만 원 정도의 수익을 만든다.

처음에는 누군가의 자서전을 함께 정리해 주거나, 원고를 손보아 주는 일에서 출발했다. 글을 매만지고, 삶의 조각을 문장으로 엮어주는 일은 생각보다 고되고 섬세했다. 그러나 시간이 지나자 조금씩 일이 들어오기 시작했다. 소개로 이어지고, 소개가 또 다른 인연을 낳았다. '책 한 권 써보고 싶어요' 하고 찾아온 사람들과 깊은 대화를 나누고, 그 사람의 목소리를 빌려 글을 썼다. 거창한 이론보다 중요한 것은 상대방이 평생 품어온 삶의 무늬를 이해하고, 그것을 책의 구조로 풀어내는 일이다.

우리 팀의 수익 구조를 솔직히 밝히자면 이렇다. 2025년 상반기 관공서 프로젝트 두 건으로 5,500만 원의 계약을 맺었고, 개인 저자들의 책을 세 권 대필하는 데 총 3,200만 원의 계약을 체결했다. 이 중에는 자서전도 있고, 전문가 브랜딩 목적의 책도 있다. 또 한 권은 대필이 아닌 책쓰기 컨설팅을 맡아, 기획부터 원고 방향 설정, 출판사 연결까지 함께 진행한 책인데, 다행히도 자비 출판이 아닌 기획으로 출간을 했다. 그 외에 초, 중, 고등학생 대상 책쓰기 프로젝트도 진행했다. 하반기에도 자서전과 책쓰기 컨설팅 등으로 4,000만 원이 넘는 매출을 달성했다.

중요한 것은 단순한 수치가 아니라, 글쓰기로 인해 누군가와 진심으로 연결되고 있다는 사실이다. 우리 손을 거쳐 세상에 나온 한 권의 책이 그 사람의 삶을 바꾸고, 또 다른 사람에게 위로가 되는 것을 보며 매일 새롭게 다짐한다. "이 길을 택하길 참 잘했다"라고.

예전 작가는 책상 앞에 앉아 묵묵히 원고를 쓰는 사람이라는 이미지가 강했다. 하지만 지금 작가의 콘텐츠는 다양하다. 직접 사람을 만나고, 강연장을 누비고, SNS와 유튜브로 자신의 콘텐츠를 전하고, 책을 발판 삼아 새로운 프로젝트를 기획하고 연결한다. 글은 더 이상 종이 안에 갇혀 있는 것이 아니다. 책은 출발점이지 종착점이 아니다.

필자가 책쓰기 관련 책을 두 권 출간한 것도 그런 이유에서였다. 그 책들이 신뢰가 되었고, 누군가가 필자를 찾는 이유가 되었다. "책을 쓰고 싶은데 어디서부터 시작해야 할까요?"라고 묻는 사람들에게 필자는 그 책을 건넬 수 있었다. 그리고 그것은 곧 글쓰기 사업의 기초가 되었다. 작가라는 직업이 콘텐츠가 될 수 있다는 것을 책을 통해 증명하고 있다.

'돈 안 되는 작가'라는 프레임은 이제 깨져야 한다. 가난이 미덕이던 시대는 지났다. 작가가 돈을 밝히면 안 된다는 구태의연한 소리를 하는 시대도 옛날 말이 되었다. 작가가 직업이라면 당연히 돈이 되어야 한다. 누군가는 여전히 "그 일로 생계를 유지할 수 있겠어?"라고 묻겠지만, 단호하게 대답

한다.

"예, 글로 충분히 살 수 있습니다."

글은 콘텐츠이고, 콘텐츠는 자산이다. 그리고 작가는 바로 그 자산을 만드는 사람이다. 결국은 관점의 차이다. '작가가 되겠다'라는 말이 더 이상 허공에 던지는 이상주의자의 선언이 아니라, 콘텐츠 크리에이터이자 커뮤니케이터로서의 당당한 자기 선언으로 받아들여져야 한다.

글을 잘 쓴다는 것은 많은 가능성을 가진 것을 의미한다. 그 가능성이 기회와 만나면 새로운 삶을 살 수 있다. 기회는 노력으로 찾는 것이지 그냥 오는 것은 아니다. 많은 글쟁이가 있지만, 모두 돈을 버는 것은 아니다. 글로써 돈을 벌 수 있는 방법을 찾는 사람에게만이 그 기회가 찾아온다.

글쓰기는
금광 속에 있는
금맥(金脈)이다

글쓰기로 돈을 버는 다양한 방법

글쓰기 시장은 금맥에 비유할 수 있다. 글쓰기로 돈을 버는 방법은 생각보다 다양하다. 디지털 시대의 도래로 누구나 자신의 글을 '콘텐츠'로 만들어 이익을 얻을 수 있는 길이 열려 있다. 글은 단순한 표현 수단이 아니라, 지식과 경험을 수익으로 전환하는 자산이 된 것이다.

여기서 글쓰기로 돈을 벌 수 있는 구체적이고 다양한 방법을 자세히 소개하고자 한다.

직접 책을 써서 수익을 내는 방법

출판사 출간(상업 출판)

출판사를 통해 책을 출간하는 방식은 가장 전통적인 수익 구조이자 많은 작가가 한 번쯤 꿈꾸는 출간 방식이다. 일반적으로 작가는 원고를 완성하여 출판사에 투고하거나, 기획서를 먼저 제출해 출판사의 검토를 받는다. 기획이 채택되면 출판사와 계약을 맺고 편집 과정을 거쳐 정식으로 책이 출간된다. 이 과정에서 작가는 책의 판매량에 따라 인세(저자 인세)를 받게 된다.

인세 비율은 출판사와 계약 조건에 따라 조금씩 차이가 있지만, 일반적으로 책 정가의 8~10% 내외 정도가 보편적인 수준이다. 출판사마다 조건이 약간 차이가 나며, 계약에 따라 선인세나 추가 인세 조건 등이 포함되기도 한다.

하지만 최근 출판 시장의 현실을 살펴보면 상황이 그리 낙관적이지만은 않다. 과거에는 한 권의 책을 찍을 때 초판을 3,000부 이상 제작하는 경우도 많았지만, 현재는 독서 인구 감소와 미디어 환경의 변화로 인해 초판 1,000부 내외로 시작하는 경우가 일반적이다. 그마저도 모두 판매되지 못하고 재고로 남는 경우가 적지 않다. 스마트폰과 영상 콘텐츠의 확산으로 사람들의 여가 시간이 영상 중심으로 이동하면서, 종이책 시장이 전반적으로 위축된 것도 이러한 변화의 중요한 원인이다.

그럼에도 불구하고 상업 출판의 매력은 여전히 크다. 책이 한번 시장에서 주목을 받으면 판매가 꾸준히 이어지면서 인세가 반복적으로 발생할 수 있기 때문이다. 특히 베스트셀러가 되면 초판 이후에도 계속해서 재쇄가 이루어지며, 강연 · 방송 · 콘텐츠 확장 등 다양한 기회가 뒤따르기도 한다. 실제로 출판 시장에는 꾸준히 베스트셀러 작가가 등장하고 있으며, 이들은 책을 통해 안정적인 수익과 함께 작가로서의 명성까지 얻기도 한다.

출판사를 통한 상업 출판은 경제적 수익과 작가로서의 브랜드를 동시에 얻을 수 있는 길이라고 할 수 있다. 다만 이러한 결과를 얻기 위해서는 기본적인 글쓰기 실력뿐 아니라 시대의 흐름을 읽는 기획력, 그리고 독자와 공감할 수 있는 이야기의 힘이 필요하다. 여기에 운과 타이밍까지 더해질 때 비로소 한 권의 책이 시장에서 의미 있는 성과를 거두게 된다.

자비 출판 또는 독립 출판

출판사를 통하지 않고 저자가 직접 출판 비용을 부담하여 책을 출간하는 방식을 흔히 자비 출판 또는 독립 출판이라고 한다. 이 방식은 출판사가 원고를 선택하고 제작을 주도하는 상업 출판과 달리, 저자가 기획부터 제작, 출간까지 전 과정을 비교적 주도적으로 진행한다는 특징이 있다. 과거에는 자비 출판이 인쇄소를 통해 소량의 책을 제작하는 형태에 머무는 경우가 많았지만, 최근에는 디지털 기술과 온라인 플랫폼의 발전으로 다양한 방식의 독립 출판이 가능해졌다.

특히 최근에는 전자책 플랫폼을 활용한 출간이 활발해지고 있다. 예를 들어 전자책 유통 플랫폼인 리디북스, 교보문고 sam, 예스24, 그리고 재능·콘텐츠 거래 플랫폼인 크몽 등을 통해 개인이 직접 전자책을 제작하여 판매할 수 있다. 이러한 플랫폼을 이용하면 비교적 적은 비용으로도 책을 시장에 선보일 수 있으며, 종이책을 인쇄하지 않아도 전자책 형태로 독자에게 전달할 수 있다는 장점이 있다.

자비 출판의 가장 큰 특징은 수익 구조에 있다. 일반적인 상업 출판에서는 저자가 받는 인세가 보통 책 정가의 8~10% 내외인 반면, 전자책 기반의 독립 출판에서는 플랫폼 수수료를 제외한 판매 수익의 대부분이 저자에게 돌아가는 구조다. 즉 판매량이 늘어날수록 저자에게 직접적으로 돌아오는 수익 비중이 높다. 이러한 이유로 최근에는 자신의 지식이나 경험을 콘텐츠로 만들어 전자책 형태로 판매하는 개인 창작자들이 점점 늘어나고 있다.

또한 독립 출판은 주제와 형식의 자유로움이라는 큰 장점이 있다. 상업 출판의 경우 시장성과 판매 가능성을 중요하게 고려하기 때문에 기획 단계에서 제한이 따르는 경우가 많다. 그러나 독립 출판은 이러한 제약이 상대적으로 적어, 개인의 경험과 생각을 자유롭게 담을 수 있다. 특히 자서전, 경험담, 실용서, 에세이, 여행기, 강의 콘텐츠 정리와 같은 분야에서는 개인의 이야기를 하나의 콘텐츠로 만들어 독자에게 전달하기에 적합한 방식이다.

더 나아가 책을 단순한 출판물이 아니라 개인의 브랜드를 만드는 도구로 활용할 수도 있다. 예를 들어 강사나 컨설턴트, 창업가, 예술가 등이 자신의 전문성을 책으로 정리해 출간하면, 그 책 자체가 일종의 명함 역할을 하게 된다. 강연, 강의, 컨설팅, 온라인 콘텐츠 제작 등 다른 활동으로 확장되는 경우도 많다. 이러한 점에서 독립 출판은 단순히 책 판매 수익에 그치지 않고 개인의 지식과 경험을 사업적 자산으로 발전시키는 수단이 되기도 한다.

하지만 이 방식에는 분명한 부담도 존재한다. 상업 출판에서는 출판사가 편집, 디자인, 제작, 유통, 마케팅을 담당하지만, 독립 출판에서는 이러한 과정의 상당 부분을 저자가 직접 해결해야 하는 경우가 많다. 원고 작성뿐만 아니라 책의 편집과 표지 디자인, 전자책 제작, 유통 등록, 홍보와 마케팅까지 스스로 고민해야 한다. 따라서 글쓰기 능력뿐 아니라 콘텐츠 기획력과 홍보 전략까지 함께 필요하다.

오프라인 글쓰기로
돈 버는 방법

글을 잘 쓰는 사람에게는 단순히 원고를 쓰는 능력을 넘어, 그 재능을 교육 콘텐츠로 전환할 가능성이 있다. 글쓰기 경험과 노하우를 체계적으로 정리하면 강의나 교육 프로그램으로 발전시킬 수 있기 때문이다. 실제로 많은 작가가 책을 쓰는 것에 그치지 않고 글쓰기 강좌나 강의 활동을 통해 새로운 수익 모델을 만들고 있다.

글쓰기 교육은 크게 오프라인 강좌와 온라인 강의로 나눌 수 있다. 오프라인의 경우 문화센터나 평생교육원, 도서관, 관공서, 문화재단 등에서 정기적으로 개설된다. 이러한 기관들은 시민들의 문화 활동을 장려하기 위해 다양한 인문 강좌를 운영하는데, 그중에서도 글쓰기는 꾸준히 수요가 있는 분야이다. 또한 개인이 직접 소규모 강좌를 열 수도 있다. 요즈음에는 꼭 학원이나 사무실을 마련하지 않더라도 카페나 작은 모임 공간에서 글쓰기 수업을 진행하는 경우도 많다. 몇 명의 수강생만 모여도 충분히 의미 있는 수업이 이루어질 수 있기 때문이다.

글쓰기 교육의 매력은 단순히 지식을 전달하는 것을 넘어 자신의 경험과 철학을 공유하며 개인 브랜드를 구축할 수 있다는 점이다. 글을 통해 삶을 정리하고 이야기를 만들어 가는 과정 자체가 하나의 콘텐츠가 되기 때문이다. 특히 자신의 경험을 바탕으로 글을 써본 사람은 초보자들이 겪는 어려움을 잘 이해하기 때문에, 공감과 실질적인 조언을 동시에 제공할 수 있다.

하지만 글쓰기 강의를 성공적으로 운영하기 위해서는 단순히 글을 잘 쓰는 것만으로는 부족하다. 강의력과 커리큘럼 기획 능력이 함께 필요하다. 수강생의 수준에 맞게 단계별로 글쓰기 과정을 구성하고, 실습과 피드백을 통해 참여자들이 실제로 글을 완성하도록 돕는 체계적인 프로그램이 있어야 한다. 또한 수강생들과의 소통 능력도 중요한 요소이다.

특히 자신의 책을 출간한 경험이 있는 작가라면 글쓰기 강사로서 더욱 신뢰를 얻기 쉽다. 실제로 책을 완성하고 출간해 본 경험은 글쓰기 과정 전반을 이해하고 있다는 증거이기 때문이다. 수강생 입장에서도 책을 낸 작가에게 배우는 것을 더 신뢰하는 경향이 있다.

필자와 함께 책을 작업했던 한 작가의 사례도 있다. 그는 처음에는 글쓰기에 관심이 있어 책을 한 권 출간했지만, 이후 꾸준히 작품 활동을 이어가며 총 여덟 권의 책을 출간하였다. 에세이와 소설 분야에서 책을 펴냈고, 그 경험을 바탕으로 글쓰기 강의를 시작했다. 지금은 다양한 기관과 교육 프로그램에 초청을 받아 활발하게 활동하는 글쓰기 강사가 되었다. 이 사례는 글쓰기 능력이 단순히 책 한 권을 쓰는 데서 끝나는 것이 아니라, 교육과 강의라는 또 다른 영역으로 확장될 수 있음을 보여준다.

글쓰기는 단순히 혼자 책상 앞에 앉아 문장을 만들어 가는 작업처럼 보이지만, 실제로는 사람과 사람을 이어주는 힘을 가지고 있다. 글을 쓰고 서로의 글을 읽으며 생각을 나누는 과정에서 자연스럽게 관계가 형성되기 때문이다. 특히 글쓰기 모임이나 독서 모임, 책쓰기 프로젝트 등에서는 서로의 삶과 경험을 공유하게 되면서 일반적인 인간관계보다 훨씬 깊은 공감과 친밀감이 생기기도 한다.

사람은 자신의 이야기를 글로 표현할 때 평소에는 쉽게 드러내지 못했던 생각과 감정을 자연스럽게 풀어내게 된다. 이러한 글을 서로 읽고 의견을 나누다 보면, 상대방의 삶과 가치관을 이해하게 되고 그 과정에서 신뢰가 쌓이게 된다. 글을 매개로 한 관계는 단순한 인맥을 넘어 서로의 삶을 응원하고 지지하는 지적인 공동체로 발전하기도 한다.

책쓰기 컨설팅

현재 필자가 주력으로 하고 있는 사업이 책쓰기 컨설팅이다. 책을 몇 권 출간해 본 사람이라면 글을 써서 책이 출판될 때까지의 과정을 알 수 있다. 세상에는 자신의 이름으로 된 책을 출간하려는 사람이 많다. 하지만 그들이 어려움을 겪는 것은 '무엇을 어떻게'를 모르는 것이다. 책을 출간하고 싶은 사람에게 그것을 코칭해 주는 것이 책쓰기 컨설팅이다. 글쓰기 중에서 제일 수입이 큰 것이 책쓰기 컨설팅이라 생각한다. 이 부분에 대해서는 2장부터 구체적으로 다루도록 하겠다.

관공서 및 공공기관 글쓰기 프로젝트

시청이나 구청, 도서관, 평생학습관 등 지방자치단체 및 공공기관이 추진하는 문화·교육 사업에 참여하여 프로젝트를 맡는 것을 의미한다. 이는 단순한 행정용 계약이 아니라, 지역 사회의 문화적 가치를 높이고 시민의 삶을 기록하는 의미 있는 사업이기도 하다.

필자가 수행했던 대표적인 사례는 '시민 자서전 쓰기' 프로젝트였다. 시민들의 인생 이야기를 기록하고 책으로 엮는 사업으로, 참가자들은 자신의 삶을 돌아보며 글로 표현하는 법을 배우고, 최종적으로 한 권의 책을 완성하게 된다. 이 과정에서 필자는 기획부터 교육, 원고 지도, 교정·편집, 출판까지 전 과정을 총괄했다.

이외에도 자원봉사센터에서 진행한 '다문화 동화 쓰기 프로젝트'는 외국인을 상대로 그 나라의 동화를 소재로 동화를 창작하는 프로젝트였는데, 문화적 다양성을 글로 표현하는 뜻깊은 사업이었다. 다양한 국적과 배경을 가진 다문화 가정의 사람들이 자기 나라 옛날이야기를 동화로 엮어내는 프로그램이었다.

또 다른 사례로는 '청소년 책쓰기 프로젝트'가 있다. 이는 초, 중, 고 학생을 대상으로 한 글쓰기 교육 프로그램으로, 단순한 작문 지도를 넘어 자기 표현력과 사고력 향상을 목표로 한 교육형 프로젝트였다. 학생들이 자신의 관심사나 진로, 혹은 가족과 사회에 대한 생각을 정리해 한 권의 책으로 엮는 과정을 통해, 청소년들이 스스로를 이해하고 성장할 수 있도록 돕는 의미 있는 시간이었다.

더불어 '마을공동체 스토리텔링 프로젝트'는 지역의 역사와 사람들의 삶을 기록하는 사업으로, 마을공동체 이야기를 재구성하여 책으로 만드는 작업이었다. 오래된 골목과 시장, 마을의 전통과 사람들의 추억을 글로 남김으로써, 지역 공동체의 정체성과 문화유산을 보존하는 데 기여했다.

(이 부분에 대해서는 3부에서 자세하게 다시 언급하기로 한다.)

논술 강사로 활동

글쓰기에 자신이 있으면 논술학원을 운영하거나 논술 강사로 활동할 수도 있다. 예전에 논술이 유행한 적이 있었다. 지금은 그때보다 못하지만, 아직도 글쓰기는 논술이라는 이름으로 성행하고 있다. 대학입시 전문 강사로 활동하기도 하고 어린이 글쓰기 지도도 할 수 있다. 논술은 학생들에게 글쓰기 실력을 향상해 줄 뿐만 아니라 독해력, 분석력, 이해력 등의 향상에도 기여하는 아주 의미 있는 일이다. 논술 방문 학습도 할 수 있으며, 독서학원에서 글쓰기 지도도 할 수 있다. 글쓰기는 살아가는 데 아주 중요하다. 대학이나 대학원 논문뿐만 아니라 취업할 때 자기소개서도 써야 하며, 취업 후에도 보고서, 기안서 등을 쓸 때도 필요하다. 그런 만큼 학생 때 글쓰기 지도를 받은 사람은 평생 남다른 경쟁력을 가지게 되는 것이다.

온라인 플랫폼을 통한 수익화

글쓰기로 돈을 번다는 것은 단순히 '글을 잘 쓰는 것'이 아니라, "글을 통해 무엇을 전달하고, 누구에게 어떤 가치를 줄 것인가"를 명확히 아는 일이다. 자신의 경험을 글로 구조화하고, 그것을 필요로 하는 독자나 고객을 만나는 순간, 글은 '표현'이 아니라 '비즈니스'가 된다. 즉, 글쓰기는 단순한 재능이 아니라 스스로를 브랜드화하는 가장 확실한 방법이며, 현대 사회에서 '자기 콘텐츠로 살아가는 사람'이 되는 첫걸음이다.

블로그 수익화(예: 네이버 블로그, 티스토리)

블로그를 통한 수입 창출 방안은 광고 수익(네이버 애드포스트, 구글 애드센스), 협찬 리뷰, 제휴 마케팅, 콘텐츠 제작비 수입 등 다양하다. 글의 주제도 여행, 도서 리뷰, 자기계발, 생활 정보 등 다양하며 이는 저자의 자산이 될 수 있다. 그리고 꾸준하게 관리하면 하나의 브랜드가 된다.

전자책(eBook) 판매

리디북스, 예스24, 크몽, 탈잉, 부크크 등에서 자신이 쓴 전자책을 직접 등록해 판매할 수 있다. 글쓰기, 자기계발, 마케팅, 실무 노하우, 창작 에세이 등 주제도 다양하고 초기 출간 비용이 들지 않는다. 또한, 한 번 만들어 놓으면 꾸준히 판매되는 장점이 있다. 하지만 경쟁이 심하고 그에 따른 홍보도 필요하다.

숨고(Soomgo) 수익 창출

인터넷 검색하면 숨고라는 플랫폼이 나온다. 그곳에서는 많은 글쓰기 전문가가 활동한다. 그만큼 글쓰기로 수익 창출이 많이 일어나는 곳이며, 다음과 같은 일을 수행한다.

자기소개서 및 취업 컨설팅(가장 수요가 많음)

신입/경력 자소서 첨삭: 기존 초고의 문장 교정 및 논리 보강.

자소서 대필: 인터뷰를 통해 강점을 추출하여 무(無)에서 유(有)를 창조.

→ STAR(SITUATION, TASK, ACTION, RESULT) 기법으로 작성법 설명.

경력기술서 재구성: 경험과 성과 중심으로 이력서 정리.

1분 자기소개 스피치 대본: 면접용 임팩트 있는 문구 작성.

비즈니스 글쓰기(전문직/CEO 대상)

기업 대표 인사말/기념사: 각종 행사, 사사(社史), 신년사 등 격식 있는 글 대필.

회사 소개서/사업계획서 스토리텔링: 딱딱한 수치를 설득력 있는 서사로 변환.

보도자료 작성: 언론 배포용 기사 형식의 글쓰기.

전문가 칼럼/블로그 대필: 변호사, 의사 등 전문직의 퍼스널 브랜딩을 위한 원고 작성.

학업 및 공적 문서(고부가가치 영역)

대학원 학업계획서/자기소개서: 석 · 박사 과정 입학을 위한 논리적인 글쓰기.

공공기관 제안서/기획서 비문 수정.

추천서 및 탄원서: 감정을 움직여야 하는 특수 목적의 글쓰기 대행.

개인 소장용 글 및 창작(감성 영역)

연애/감사 편지 대필: 진심을 담은 고백이나 부모님 헌정사 등.

축사/추도사 작성: 결혼식이나 장례식 등 인생의 중요한 순간을 위한 글.

자서전 초고 구성: 정식 대필 전 단계로, 목차와 에피소드 구조만 잡아주는 코칭.

그 외의 방법

이외에도 오마이뉴스에 투고하거나 브런치를 활용하는 방법도 있다. 필자는 책을 출간하기 전 오마이뉴스에 투고하여 32건이 선정되었고 70만 원이 넘는 원고료를 받은 적도 있다. 오마이 뉴스나 브런치에 꾸준히 글을 올리면, 출판사에서 기획 출간 제의가 들어오기도 한다.

작가에게 지급되는
국가 지원금

예술인 복지재단과 지역 문화 재단 지원금 외

작가의 자격은 등단하거나 책을 낸 사람을 말한다. 작가는 예술인 복지 재단에 예술인 PASS를 발급받을 수 있는데, 작가가 되면 아래의 지원을 받을 수 있다.

작가의 자격과 등단의 방법

많은 사람이 작가가 되기 위해서는 특별한 자격이나 어려운 과정을 거쳐야 한다고 생각한다. 그러나 실제로 작가가 되는 길은 생각보다 멀리 있지 않다. 특히 문학 분야에서는 오래전부터 '등단'이라는 제도가 존재해 왔는데, 이 제도를 통해 누구나 공식적으로 작가로 활동을 시작할 수 있다.

등단이란 문학잡지나 문예지를 통해 작품이 선정되어 문단에 처음 이름을 올리는 것을 말한다. 우리나라에서는 오래전부터 문학 잡지들이 신인 작가를 발굴하기 위해 '신인상' 제도를 운용해 왔다. 시, 소설, 수필, 동화 등 다양한 분야에서 신인 작품을 공모하고, 심사를 통해 우수한 작품을 선정하여 발표하는 방식이다. 이러한 공모에 작품이 당선되면 자연스럽게 '등단 작가'라는 이름을 얻게 되고, 문학 활동을 공식적으로 시작할 수 있다.

신인상 제도는 생각보다 많은 문학잡지와 기관에서 운영하고 있다. 문학 전문 잡지뿐 아니라 지역 문예지, 문화 단체, 신문사 등에서도 정기적으로 신인 공모를 진행한다. 때문에 꾸준히 작품을 준비하여 응모한다면 누구에게나 기회가 열려 있다고 볼 수 있다. 실제로 많은 작가가 이러한 신인상 제도를 통해 문단에 첫발을 내디뎠다.

물론 당선되기 위해서는 작품의 완성도가 중요하지만, 한 번의 도전으로 반드시 성공해야 하는 것은 아니다. 많은 작가가 여러 번의 응모 끝에 당선되기도 한다. 중요한 것은 꾸준히 글을 쓰고 작품을 다듬으며 기회를 기다리는 태도이다. 신인상 제도는 바로 이러한 노력의 결과를 세상에 보여줄 수 있는 공식적인 통로라고 할 수 있다.

또한 오늘날에는 등단의 방식도 다양해지고 있다. 전통적인 문학잡지의 신인상뿐 아니라 문학상 공모, 온라인 문학 플랫폼, 출판을 통한 데뷔 등 여러 길이 존재한다. 즉 작가가 되는 길이 과거보다 훨씬 넓어졌다고 볼 수 있다.

인터넷 검색 창에 '엽서시 문학 공모'라고 치면 우리나라 거의 모든 공모 정보를 알 수 있다.

작가의 자격은 특별한 신분이나 학력이 아니라 꾸준히 글을 쓰고 자신의 작품을 세상에 내놓으려는 용기에서 시작된다. 필자는 등단하고자 마음만 먹으면 누구나 등단할 수 있다고 자신 있게 말할 수 있다. 단지 방법을 모를 뿐이다. 방법을 알고 싶으면 필자에게 연락하기를 바란다. 필자의 핸드폰 번호는 표지 앞날개 부분에 있다.

예술인 지원금

예술인 복지재단과 지역 문화 재단이 작가에게 제공하는 금전적 지원은 단순한 보조금이 아니라, 창작활동의 지속 가능성을 보장하고 예술 생태계를 안정적으로 유지하기 위한 사회적 기반이라 할 수 있다.

먼저, 예술인복지재단은 문화체육관광부 산하 단체로, 예술인의 복지 증진과 창작 안전망 구축을 목적으로 설립되었다. 대표적인 사업인 '예술활동준비금 지원사업(구 창작준비금)'은 경제적 어려움으로 창작활동이 중단되지 않도록 돕는 제도이다. 이 사업을 통해 예술활동증명을 완료한 예술인 중 소득인정액이 기준 중위소득의 120% 이하인 사람에게 1인당 300만 원의 지원금이 지급된다. 지원은 격년제로 이루어지며, 매년 약 2만 명의 예술인이 혜택을 받는다. 단, 만 19세 미만은 신청할 수 없으며, 과거 동일 사업에서 지원을 받은 사람이나 다른 복지사업과 중복 수혜자는 제한될 수 있다. 이 제도는 창작 공백기를 최소화하고 예술인이 생활의 불안정에서 벗어나 예술에 집중할 수 있도록 하는 '생활 안정형 창작 지원금'의 성격을 지닌다.

  또한 예술인복지재단은 의료비, 산재·고용보험 지원, 긴급복지지원 등 다양한 복지사업도 함께 운영하고 있다. 특히 신진 예술인을 위한 별도의 창작지원 프로그램에서는 1인당 200만 원 정도의 창작활동 준비금이 제공되기도 한다. 이러한 지원은 예술 경력 초기에 경제적 기반이 부족한 창작자들이 활동을 시작할 수 있는 발판을 마련해 준다.(이 지원 프로그램은 예술인 PASS를 가진 누구나에게 평생 한 번 지원되는데, 필자도 200만 원을 지원받았다.)

  한편, 각 지방자치단체가 운영하는 지역 문화 재단은 지역 예술 생태계의 특성에 맞춰 맞춤형 지원을 펼친다. 대표적인 사례로 서울문화재단의 '예술창작지원사업'은 장르별 공모를 통해 작가와 예술단체에 창작비를 지급한다. 지원 금액은 사업의 규모와 성격에 따라 수백만 원에서, 많게는 4,500만 원에 이르기까지 다양하다. 예를 들어, 'RE:SEARCH 개인 지원'은 창작 구상 단계의 작가에게 정액 300만 원을, '창작예술공간 임차료 지원'은 최대 1,000만 원, 그리고 작품집 발간이나 기록 지원을 위한 프로그램은 1,000만 원 내외를 지원한다. 서울문화재단 외에 부산문화재단, 대구문화재단, 울산문화재단, 제주문화예술재단 등도 각 지역 예술인을 대상으로 비슷한 형태의 창작지원사업을 운영하고 있으며, 대부분 해당 지역 거주자이거나 일정 기간 이상 활동한 예술인을 대상으로 한다.(울산의 경우 시집 출간 400~500만 원 등이다.) 필자의 시집 『기다림은 곡선이다』도 울산문화재단으로부터 500만 원의 지원금으로 출간했다.

　최근에는 중앙정부와 예술지원기관이 협력하여 청년 창작자 대상 연합형 지원사업도 강화되고 있다. 예를 들어, 'K-Art Young Creator Support' 프로그램은 39세 이하의 신진 예술인을 대상으로 연간 900만 원(400만 원 + 500만 원 분할)을 지원하는 형태로 운영된다. 이는 기존의 단기적 생활 보조형 지원보다 규모가 크고, 장기적인 창작활동을 독려하기 위한 방향으로 발전된 사례이다.

　예술인복지재단의 전국 단위 제도적 지원과 지역 문화 재단의 현장 맞춤형 지원은 서로 보완적인 구조를 이루며, 작가들이 경제적 불안 없이 예술 본연의 창작활동에 몰두할 수 있도록 돕는다. 이러한 지원은 예술가 개인에게는 안정된 창작 환경을 제공하고, 사회 전체에는 문화적 다양성과 창조적 에너지를 확산시키는 공공적 투자로서 중요한 의미를 지닌다.

아로크 지원금

　'아로크 지원금'은 Arts Council Korea(ARKO)가 운영하는 각종 예술창작 및 발표 지원사업을 통칭하는 말이다. 문화체육관광부 산하의 공공기관인 아르코는 예술인의 창작활동을 촉진하고 예술 생태계를 발전시키기 위해 매년 공모 형식으로 지원금을 제공한다.

　지원 분야는 문학, 시각예술, 공연예술, 다원예술, 국제교류 등으로 매우 다양하며, 지원 금액은 수백만 원에서 수천만 원 수준까지 사업 규모에 따라 달라진다. 예를 들어 청년예술가 도약 지원사업은 34세 이하 예술가에게 500만~1,000만 원, 시각예술 프로젝트는 1,000만~3,000만 원, 해외 레지던시 참여 지원은 최대 1,500만 원 정도가 일반적이다.

신청 자격은 대한민국 국적을 가진 개인 또는 단체로, 분야별로 창작 실적이나 포트폴리오, 공모 주제의 적합성 등이 요구된다. 지원은 공모 심사를 통해 선정되며, 매년 사업별 요강과 예산 규모가 달라진다.

결국 아로크 지원금은 예술가가 창작비 부담 없이 작품 활동을 이어가도록 돕는 국가 차원의 예술진흥 제도로, 생활 안정형이 아닌 프로젝트 중심 창작 지원금이라는 점이 특징이다.

장애인 예술인 지원금

장애인 예술인 지원금은 장애가 있는 예술인이 안정적으로 창작활동을 이어갈 수 있도록 국가와 지자체가 지원하는 제도이다. 단순한 복지가 아니라, 예술 활동의 지속과 사회 참여 확대를 목적으로 한다.

법적으로는 「장애인 예술인 문화예술 활동 지원법」을 기반으로 하여 중장기 기본계획을 수립하고 있으며, 창작준비금, 작품 제작비, 전시·공연 기회, 발표 기회 등이 제공된다.

지원 형태는 크게 ①창작 지원금 및 제작비 지원 ②발표 및 전시 기회 제공 ③창작 공간 및 레지던시 지원 ④멘토링 및 교육 프로그램 운영 등으로 나뉜다. 일부 지자체는 '기회소득'과 같은 형태로 소득 보전 지원도 하고 있다.

이 제도의 핵심은 단순한 금전 지원이 아니라, 장애 예술인이 지속해서 활동할 수 있는 환경을 조성하고 예술인으로서의 자립과 성장을 돕는 데 있다.

2장

책쓰기 컨설팅으로
더 큰 돈을
벌어라

책을 내는 것의
의미

책을 출간하는 방법에는 여러 가지가 있다. 대표적으로 기획 출간, 반기획 출간, 자비 출간, 그리고 POD 출간(Print On Demand, 주문형 출판) 등이다. 각각의 방식은 출판 비용의 부담 주체, 출판 과정의 주도권, 인세율, 제작 규모 등에서 차이를 보인다.

책을 낸다는 것은 단순히 한 권의 결과물을 세상에 내놓는 일이 아니다. 그것은 자신과의 깊은 대화이자, 세상과의 진지한 소통이며, 내면과 외면을 동시에 확장하는 과정이다. 책을 쓰는 일은 자신의 삶을 정리하고 성찰하는 과정에서 비롯된다. 글을 통해 지나온 시간을 되짚어보는 일은 마치 마음속 서랍을 하나씩 열어, 잊고 있던 기억과 감정을 다시 꺼내어 바라보는 일과 같다. 그렇게 자신을 마주하는 과정에서 사람은 삶의 의미를 재정립하고, 과거의 상처를 치유하며, 앞으로 나아갈 새로운 방향을 발견하게 된다.

책을 낸다는 것은 단순한 '기록'의 행위를 넘어 '전환'의 순간이다. 글을 쓰는 동안 저자는 스스로에게 질문을 던지고, 그 답을 찾아가는 과정을 통해 내면의 성장을 이룬다. 그렇게 완성된 한 권의 책은 자신이 걸어온 길을 증명하는 동시에, 새로운 출발을 알리는 선언이 된다. 책을 낸다는 것은 곧 한 사람의 인생이 새로운 국면으로 접어드는 전환점이며, 자신을 한 단계 성숙시킨다는 의미를 지닌다.

　사회적으로 보았을 때, 책은 개인의 이야기를 넘어 세상과 연결되는 다리 역할을 한다. 한 사람의 경험, 통찰, 감정이 책이라는 매개를 통해 타인에게 전해지고, 그 속에서 독자는 공감과 위로를 얻는다. 누군가의 삶의 조각이 또 다른 누군가의 마음속에서 울림이 되어, 서로 다른 인생들이 조용히 맞닿는 것이다. 결국 책은 '나'의 이야기가 '우리'의 이야기로 확장되는 과정이며, 한 개인의 경험이 사회적 자산으로 승화되는 순간이다.

　더 나아가, 한 사람이 쌓은 지식과 지혜는 책을 통해 세상에 남고, 그것은 다음 세대를 위한 이정표가 된다. 시대가 바뀌어도 한 권의 책은 사라지지 않고, 그 안에 담긴 생각과 감정은 계속해서 누군가의 삶에 영향을 미친다. 그런 의미에서 책은 시간을 뛰어넘는 대화이며, 인간이 세상과 후대에 남길 수 있는 가장 고귀한 흔적이다.

　책을 낸다는 것은 그 사람이 그 분야에서 일정한 깊이와 전문성을 갖추었다는 사회적 인증이기도 하다. 한 권의 책은 저자의 전문성과 신뢰를 증명하는 가장 확실한 증거이며, 독자에게 "이 사람은 믿을 만하다"라는 인상을 심어준다.

책을 낸 사람을 작가라 부른다. 작가가 된다는 것은 또 다른 차원의 정체성을 획득하는 일이다. 저자는 단순한 지식 전달자가 아니라, 생각을 구조화하고, 경험을 이야기로 엮어 의미를 만들어내는 사람이다. 그래서 '작가'라는 호칭은 박사 학위 못지않은 권위와 무게를 지닌다. 책은 그 사람의 내면적 세계와 가치관을 세상에 보여주는 창이자, 스스로를 브랜드화하는 가장 강력한 수단이 된다.

특히 자신의 직업과 연결된 책은 탁월한 홍보 효과를 지닌다. 한 권의 책은 수많은 광고보다 오래 기억되고, 작가의 이름을 단순한 직업인을 넘어 그 분야의 '전문적인 지식을 가진 전문가'로 인식되게 만든다. 책은 강연, 인터뷰, 방송, 교육 등의 기회로도 이어지며, 작가의 신뢰도와 영향력을 확장하는 문이 된다.

무엇보다 책을 낸 작가는 세상과의 관계 속에서 '말하는 사람'이 된다. 그들의 생각은 다른 이들의 삶에 영향을 주고, 한 문장 한 문장이 독자에게 새로운 시각과 용기를 불어넣는다. 그러므로 책을 낸다는 것은 단순히 한 권의 출간이 아니라, 자신의 삶과 생각이 사회적 의미를 얻는 순간이며, 작가로서 세상에 발자취를 남기는 가장 아름다운 방식이다.

삶의 궤적을 한 줄 한 줄 새기며 자신을 증명하는 행위이며, 동시에 누군가의 마음에 닿아 또 다른 변화를 일으키는 씨앗이 된다. 어떤 방식으로든, 어떤 주제이든, 진심을 담은 책이라면 그것은 세상에 의미 있는 흔적을 남긴다.

세상에는 이미 셀 수 없이 많은 책이 존재한다. 그렇기에 어떤 사람들은 "굳이 내가 한 권을 더 보탠다고 해서 무엇이 달라지겠는가"라고 말한다. 심지어는 "어설픈 책을 내느니 차라리 내지 않는 편이 낫다"라는 식으로 책 쓰기 자체에 부정적인 시선을 보내기도 한다. 그러나 이러한 생각은 책의 본질적인 가치를 너무 좁게 바라본 데서 비롯된 오해일 수 있다.

바다는 수많은 물방울이 모여 이루어진다. 그중 단 하나의 물방울도 쓸 모없다고 말할 수 없다. 각각의 물방울이 모여야 비로소 넓고 깊은 바다가 완성되기 때문이다. 책 역시 마찬가지이다. 이미 많은 책이 존재한다는 사실은, 오히려 그만큼 다양한 삶과 생각이 기록되어 왔다는 증거일 뿐이다. 그리고 그 다양성 속에서 우리는 공감하고, 배우고, 위로받는다.

세상에는 똑같은 인생이 단 하나도 없다. 비슷해 보이는 삶은 있을지라도, 그 사람이 겪은 감정과 선택, 그리고 그 과정에서 얻은 깨달음은 오직 그 사람만의 것이다. 바로 그 '고유함'이 책이 되는 순간, 그것은 더 이상 개인의 경험에 머무르지 않고 누군가의 길잡이가 되고, 또 다른 누군가에게는 위로와 용기가 된다. 어떤 이에게는 평범해 보이는 이야기조차, 다른 누군가에게는 삶을 바꾸는 문장이 될 수 있다.

'책 같지 않은 책'이라는 표현 역시 기준이 모호하다. 문학적 완성도나 화려한 문장만이 책의 가치를 결정짓는 것은 아니다. 진솔함, 경험의 깊이, 그리고 그 안에 담긴 진정성이야말로 독자의 마음을 움직이는 가장 큰 힘이다. 서툴더라도 진심이 담긴 글은 누군가의 마음에 오래 남는다. 한 권의 책을 세상에 남긴다는 것은 단순히 종이 위에 글자를 얹는 일이 아니다. 그것은 한 사람의 삶이 세상과 만나는 방식이며, 자신이 살아온 시간에 의미를 부여하는 행위이다. 수많은 책 속에 또 한 권이 더해지는 것이 아니라, 세상에 단 하나뿐인 이야기가 하나 더 탄생하는 것이다.

그렇기에 자신의 삶을 책으로 남기는 일은 결코 사소하거나 의미 없는 일이 아니다. 그것은 한 방울의 물이 바다를 이루듯, 세상을 더 깊고 풍성하게 만드는 소중한 기여이기 때문이다.

스토리텔링이란?
생각과 말을 붙잡아
콘텐츠로 만드는 창조

스토리텔링이라는 말은 이제 일상에서 너무나 흔하게 들린다. 하지만 그 의미를 깊이 들여다보면, 단순히 '이야기하는 것' 이상의 철학과 창조의 세계가 숨어 있다. 스토리텔링은 인간이 세상을 이해하고, 자신을 표현하며, 타인과 소통하기 위한 가장 본질적인 행위이다. 인간의 역사와 문화는 언제나 이야기에서 시작되었다. 불을 피워놓고 동굴 벽에 그림을 그리며 사냥의 경험을 전하던 원시인도, 신화와 전설을 통해 세상을 설명하려 했던 고대인도 모두 스토리텔러였다.

스토리텔링의 개념은 이야기의 본질을 기록하는 일

'스토리(Story)'는 이야기이고, '텔링(Telling)'은 말하는 것이다. 즉, 스토리텔링을 직역하면 '이야기를 말하는 행위'이다. 그러나 진정한 스토리텔링은 여기서 멈추지 않는다. 말은 공기 중에 흩어지는 순간 사라지는 휘발성 언어이다. 말로만 전해진 이야기들은 시간이 지나면 잊히고, 왜곡되기도 한다. 그래서 인류는 '기록'을 남기기 시작했다. 기록은 말의 흔적을 붙잡아 영속성을 부여하는 도구였다.

인류의 문명은 기록으로 발전했다. 김부식의 삼국사기, 일연의 삼국유사 같은 고대의 사서들이 오늘날까지 전해질 수 있었던 것은 '말한 이야기'를 '기록한 스토리텔링' 덕분이었다. 따라서 스토리텔링의 완성은 단순히 말하는 것이 아니라, 그것을 기록하고 전달하는 일이다. 말이 생명이라면, 기록은 그 생명을 이어주는 영혼이다.

스토리텔링은 또한 인간의 기억을 사회적 자산으로 만드는 과정이기도 하다. 개인의 경험, 가족의 역사, 지역의 전통이 기록되어야만 다음 세대에게 전달되고, 그 전승이 새로운 문화를 낳는다. 그래서 스토리텔링은 '이야기의 기록'이자 '문화의 재생산'이라 할 수 있다.

스토리텔링의 목적은 이야기의 전달과 공감의 확장

스토리텔링의 핵심은 '전달'이다. 아무리 훌륭한 이야기도 전달되지 않으면 존재하지 않는 것과 같다. 이야기는 반드시 누군가에게 닿아야 하고, 그로 인해 감정이 움직이고 생각이 확장되어야 한다. 이때 이야기를 받아들이는 사람은 '스토리의 소비자'가 된다.

스토리를 소비한다는 것은 단순히 읽고 듣는 행위를 넘어, 그 안에서 의미를 발견하고 자신의 경험과 결합하는 창조적 행위이다. 소비자는 그 이야기를 통해 웃거나 울고, 새로운 관점을 얻고, 삶을 되돌아본다. 이런 감정의 교류가 스토리텔링의 본질이다.

오늘날은 디지털 네트워크 시대이다. 누구나 스마트폰 하나로 콘텐츠를 생산하고 유통할 수 있는 시대다. SNS, 유튜브, 블로그, 웹툰, 웹소설, 팟캐스트 등 'all are storytelling platforms'. 이야기를 가진 사람은 더 이상 작가나 예술가에 한정되지 않는다. 일상의 소소한 경험을 영상으로 기록하는 사람, 자기 생각을 글로 공유하는 사람 모두가 현대의 스토리텔러이다.

스토리텔링과 콘텐츠는 이야기에서 산업으로

스토리텔링은 이제 문화예술을 넘어 산업의 핵심 개념으로 자리 잡았다. 스토리텔링은 단독으로 콘텐츠가 되기도 하고, 다른 분야와 결합하여 새로운 형태의 콘텐츠로 확장되기도 한다.

예를 들어 기업은 제품을 홍보할 때 단순한 정보 전달보다 그 제품이 가진 스토리를 강조한다. 단순히 "이 제품은 품질이 좋다"가 아니라 "이 제품은 한 장인의 손끝에서 30년간 이어진 기술의 결과다"라고 말할 때, 사람들은 그 안에서 감동한다. 이야기가 곧 신뢰를 만들고, 신뢰가 곧 소비로 이어진다.

또한 지역의 스토리텔링은 관광 산업의 기반이 된다. 포항의 삼국유사에 실린 '연오랑세오녀' 설화는 지역 문화콘텐츠의 대표적 사례이다. 단순한 옛이야기를 현대적으로 재구성해 '연오랑세오녀 테마공원'을 조성하고, 기념관과 축제를 연계한 결과, 지역 경제 활성화로 이어졌다.

이처럼 스토리텔링은 '이야기의 재해석'을 통해 전혀 새로운 가치를 창출한다. 과거의 이야기가 현대의 산업이 되는 것이다.

마을과 사람의 스토리텔링은 지역의 정체성을 담는다

필자는 여러 차례 '마을 스토리텔링'에 대해 강의한 바 있다. 한 마을의 오래된 우물, 전해 내려오는 민담, 오래된 노인의 추억. 그것을 기록하고 구성하면 '마을 콘텐츠'가 된다.

예를 들어 한 마을의 장터에 얽힌 이야기를 기록하고, 그 공간을 재현한 소규모 전시를 연다면, 그 자체가 지역민의 자부심이 되고 외부 관광객에게는 새로운 볼거리가 된다. 마을의 이야기 하나가 경제적 자산이자 정체성의 상징으로 탈바꿈하는 것이다. 관광이란 볼거리, 먹을거리, 즐길 거리 세 가지가 있어야 하는데, 여기에 스토리텔링이 더해진다면 금상첨화다.

또한, 울산 장생포의 포경산업을 고래 축제로 승화하여 대성공한 사례도 스토리텔링을 콘텐츠로 만든 사례로 볼 수 있다.

요즈음 지역 차원의 축제가 수도 없이 많다. 그 대부분은 스토리텔링을 콘텐츠화한 것이라 말할 수 있다.

이러한 지역 스토리텔링은 단순히 콘텐츠 산업의 관점에서만 볼 일이 아니다. 그것은 공동체 회복의 장치이기도 하다. 주민이 자신의 이야기를 발굴하고 기록하는 과정에서 서로를 이해하고, 마을에 대한 애착이 커진다. 스토리텔링은 공동체의 기억을 복원하는 문화적 치료법이라 할 수 있다.

스토리텔링을 책으로 엮는 것은 작가에게는 하나의 사업이 될 수도 있다.

상상력으로 확장되는 스토리텔링, 현실과 허구의 경계

스토리텔링은 이미 존재하는 사실에만 머물지 않는다. 거기에 상상력을 더하면, 전혀 새로운 세계를 창조할 수 있다. 필자는 천전리 각석을 보며 그 속의 그림들에 상상력을 불어넣어 동화를 쓴 적이 있다. 단단한 돌 위에 새겨진 선이 수천 년의 세월을 건너와 하나의 이야기로 다시 태어난 것이다.

울산대학교의 구광렬 전 교수는 반구대 암각화를 소재로 동화를 썼다. 고대인의 흔적이 현대인의 상상 속에서 다시 살아난 셈이다. 이렇게 스토리텔링은 역사적 유산에 새로운 생명을 불어넣는 창조 행위이다.

또한 소설이 현실의 공간으로 확장된 예도 있다. 박경리 작가의 대하소설『토지』는 원래 문학작품이었지만, 그 소설의 배경을 현실에서 구현해 '최참판댁'을 건립했다. 그 결과, 문학이 문화유산이 되고, 문화유산이 관광산업으로 발전했다. 한 편의 소설이 수많은 사람의 발걸음을 불러 모은 것이다. 스토리텔링이 현실을 바꾼 대표적 사례라 할 수 있다.

현대 사회와 스토리텔러의 역할

현대는 '콘텐츠의 시대'이다. 콘텐츠 시대란, 곧 이야기를 만드는 사람과 소비하는 사람으로 세상이 나뉘는 시대를 의미한다. 그리고 성공하는 사람은 콘텐츠를 소비하는 사람이 아니라, 콘텐츠를 창조하는 사람이다.

스토리텔러는 단순히 이야기를 쓰는 사람이 아니다. 그는 의미를 창조하는 사람이다. 하나의 사건, 사물, 인물 속에서 이야기를 발견하고, 그것을 타인의 공감으로 연결하는 다리 역할을 한다. 그리고 그 이야기는 사람의 감정을 움직이고, 행동을 변화시키며, 사회의 방향을 바꿀 수도 있다.

기업은 브랜드 스토리로 소비자의 마음을 얻고, 도시와 국가는 역사적 스토리로 정체성을 만든다. 개인은 자기 스토리로 자신을 표현하고, 세상과 관계를 맺는다. 결국 스토리텔링은 모든 인간 활동의 바탕이자, 의미를 생산하는 기술이자 예술이다.

누구나 스토리텔러가 될 수 있다

스토리텔링은 특별한 재능을 가진 사람만이 할 수 있는 것이 아니다. 누구나 자신의 삶 안에 수많은 이야기를 가지고 있다. 그것을 발견하고, 정리하고, 표현하는 방법을 배우면 된다. 처음에는 거칠고 어색할 수 있지만, 이야기를 써보고, 말해보고, 기록하다 보면 자연스럽게 자신만의 서술 방식이 생긴다.

스토리텔링의 시작은 '관심'이고, 그 완성은 '기록'이다.

자신의 삶, 가족의 역사, 마을의 이야기, 혹은 하나의 사물에 담긴 의미에 관심을 갖는 순간 스토리텔링은 시작된다. 그리고 그것을 글로, 사진으로, 영상으로 기록하는 순간 하나의 콘텐츠가 탄생한다.

스토리텔링은 결국 삶을 의미 있게 바라보는 시선이다. 이야기를 통해 사람은 자신을 이해하고, 타인을 이해하며, 세상을 이해한다. 그렇기에 스토리텔링은 단지 이야기 기술이 아니라, 인간이 인간답게 살아가기 위한 가장 오래되고 가장 깊은 예술인 것이다.

전업 작가라면 이러한 스토리텔링을 사업화하는 것을 염두에 둬야 한다. 일반인을 교육하거나 작가 자신이 직접 스토리를 콘텐츠화하여 수익 모델로 삼을 수 있다.

책쓰기 컨설팅,
어떻게 시작할까?

자서전이나 자신의 이름으로 된 책을 출간하고 싶지만, 방법을 몰라 생각만 하며 세월을 보내는 사람이 많다. 이 부분에서 글쟁이들의 역할이 필요하다. 망설이는 사람들에게 글쟁이들은 든든한 조력자가 될 수 있다. 그들에게 글쓰기 방법을 지도하고, 원고를 함께 다듬으며, 최종적으로 출간까지 이어주는 과정은 방법만 안다면 결코 어렵지 않다.

오히려 책을 출간해본 경험이 있는 작가라면, 이러한 과정을 이해하고 체계화하는 데 오랜 시간이 걸리지 않는다. 글쟁이들은 자신의 글로만 수익을 창출하는 것이 아니라, 다른 사람의 이야기를 글로 완성해주는 일을 통해서 자신만의 새로운 시장을 개척할 수 있다. 즉, 자서전 코칭이나 대필, 글쓰기 강의 등으로 활동 영역을 확장할 수 있다는 뜻이다.

이는 단순한 기술이 아니라, 타인의 인생을 문장으로 정리해주는 인문적 서비스이자 전문 직업영역이다. 다만, 남의 인생을 글로 써 내려간다는 것은 자신의 글을 쓰는 일과는 다르다. 자서전 대필이나 코칭을 하려면, '어떻게 질문을 던지고, 어떤 순서로 인생을 풀어내며, 어떤 언어로 감정을 표현해야 하는가'라는 글쓰기의 구조와 심리적 흐름을 이해해야 한다. 또한, 먼저 갖추어야 할 자질이 책 출간 프로세스를 익히는 것이다. 이것이 바로 글쟁이가 준비해야 할 출발점이다.

요즘은 YouTube에서도 '자서전 쓰는 법', '인터뷰로 자서전 만들기', 'POD 출간 방법' 등 다양한 정보가 공유되고 있다. 글을 써본 사람이라면 이런 자료들을 참고하여 자신만의 노하우를 접목해 빠르게 익힐 수 있다. 중요한 것은 완벽하게 준비된 뒤에 시작하는 것이 아니라, 부딪히며 익히는 태도이다. 실제로 해보는 과정에서 자신만의 노하우와 코칭 방법이 자연스럽게 만들어진다.

앞서 언급한 것처럼 필자는 글을 쓰기 시작해서 이 길을 찾는 데 오랜 세월을 보냈다. 하지만 이 책을 읽고 시작한다면 독자는 필자가 시행착오를 거치며 터득한 노하우를 세월을 허비하지 않고도 알 수 있게 될 것이다. 이것이 이 책을 쓰는 이유이기도 하다.

다음으로 '자서전 및 글을 쓸 사람', 즉 고객을 확보하는 일은 글쓰기를 업으로 삼으려는 사람에게 가장 현실적이면서도 어려운 과제다. 단순히 글을 잘 쓰는 것만으로는 충분하지 않다. 누군가에게 글을 '써주거나 가르쳐 줄 기회'를 만드는 것이 핵심이다.

가장 일반적이면서도 지속적인 방법은 SNS 홍보다. 자신이 운영하는 자서전 코칭 프로그램이나 글쓰기 과정을 꾸준히 소개하고, 그 과정을 통해 출간된 책을 사진과 함께 게시하는 것이다. 실제 수강생의 후기나 강의 현장을 영상으로 공유하면 신뢰도가 높아진다. 이렇게 쌓인 콘텐츠는 곧 '작가이자 코치로서의 포트폴리오'가 되어 새로운 고객을 유입시키는 기반이 된다.

또 다른 효과적인 방법은 평생교육원이나 문화센터에 강사로 등록하는 것이다. 최근 시니어 세대의 평생학습 참여율이 급격히 높아지면서, '내 인생을 정리하고 기록하고 싶다'라는 욕구를 지닌 이들이 늘고 있다. 이들에게 자서전 쓰기 과정은 단순한 글쓰기 강좌가 아니라 '삶의 정리와 치유의 과정'으로 인식된다. 따라서 강의 제안을 하거나 이미 개설된 프로그램에 강사로 참여하는 것은 고객 확보의 가장 안정적인 통로가 된다.

이 외에도 지자체나 공공기관의 공모사업을 주목할 필요가 있다. 각 지방자치단체, 문화재단, 도서관, 주민자치센터 등에서는 매년 '시민 자서전 쓰기', '우리 마을 이야기책 만들기', '기억의 기록 프로젝트'와 같은 사업을 추진한다. 이런 공모사업에 주로 작가, 편집자, 코디네이터, 강사 등 다양한 역할로 참여할 수 있으며, 기관과의 협력 실적이 쌓이면 이후 정규 프로그램으로 확대되기도 한다.

또한 자신의 경력과 실적을 정리해 기관에 제안서를 직접 제출하는 것도 좋은 방법이다. 제안서는 단순히 '글쓰기 강좌 개설 요청'이 아니라, 강의의 목적, 대상, 기대 효과, 운영 방식, 예산안을 포함해야 한다. 이러한 기획 역량이 곧 신뢰로 이어진다.

지인 네트워크를 활용하는 것도 놓치지 말아야 할 부분이다. 학교, 도서관, 복지관, 시니어클럽, 여성인력개발센터 등에서 '글쓰기 프로그램을 운영하고 싶은데 강사를 찾고 있다'라는 이야기는 의외로 자주 들린다. 이런 정보는 공식 채널보다 개인적인 관계망을 통해 더 빨리 들어오는 경우가 많다.

여기에 더해, 최근에는 POD(주문형 출판) 시스템을 활용한 공동 프로젝트도 활발하다. 예를 들어, 일정 인원의 수강생이 모이면 그들의 글을 묶어 앤솔로지 형태로 출간하고, 이를 지역 서점이나 도서관에서 전시하는 것이다. 이런 성과는 곧 새로운 홍보 자료가 되어 다음 강좌나 프로젝트의 모집으로 이어진다.

처음부터 거창한 시스템이나 조직이 필요하지 않다. 한 명의 수강생, 한 권의 자서전에서 출발하면 된다. 그 한 걸음이 다음 걸음을 부른다. 작은 프로젝트 하나가 기관의 신뢰를 얻고, 다음 사업으로 이어지는 씨앗이 된다.

필자 또한 여러 관공서와 기관의 자서전 프로젝트를 단계적으로 진행하며 이러한 과정을 체계화해왔다. 예를 들어, 지방자치단체의 시민 자서전 쓰기, 여성센터의 인생 이야기 쓰기 사업, 마을 스토리텔링 쓰기, 기관의 자서전 발간 지원사업 등이 그것이다. 이러한 경험들은 단순한 강의 경력을 넘어, '지역과 사람을 잇는 기록문화 사업'으로 발전해 나갔다.

책을 쓰고 싶어 하는
사람의 유형과
컨설팅 과정

책쓰기 컨설팅은 단순히 글을 가르치는 과정이 아니다. 그것은 한 사람의 생각과 경험, 그리고 인생 이야기를 한 권의 책이라는 형태로 구체화하는 과정이다. 컨설턴터는 작가의 의도, 글의 수준, 출간 목적, 시장성을 종합적으로 진단해, 그 사람에게 가장 알맞은 출간 방향을 제시한다. 고객의 유형은 다양하며, 각기 다른 접근이 필요하다.

먼저, 자신이 쓰고 싶은 콘셉트가 명확한 사람은 이미 책의 방향을 어느 정도 정해둔 상태다. "창업 경험을 책으로 남기고 싶다", "여성 리더십에 관한 책을 쓰고 싶다"처럼 주제가 분명하다. 이런 경우 컨설턴터는 그 콘셉트가 시장에서 통할 만한 주제인지 검토하고, 책의 목적과 대상 독자를 함께 정리하도록 돕는다. 단순히 '무엇을 쓰고 싶은가'가 아니라 '왜 지금 이 주제를 써야 하는가'를 명확히 하는 것이다. 목차 설계 단계에서는 주제 확장과 구조화 훈련을 통해 내용을 체계적으로 구성하게 하고, 제목과 부제, 사례 구성까지 구체적으로 조율하며 기획력을 강화한다.

다음으로, 자서전을 쓰고 싶어 하는 고객은 자신의 인생을 정리하고 기록으로 남기고자 하는 욕구가 강하지만 글쓰기 경험이 적어 시작조차 어려워하는 경우가 많다. 이때 컨설턴터는 먼저 인터뷰를 통해 삶의 주요 사건과 전환점을 끌어내고, 인생 연표를 작성하게 한다. 그 과정을 통해 기억이 구조화되고, 자연스럽게 장별 흐름이 잡힌다. 글로 쓰기보다 말로 이야기하기부터 시작하게 하여 부담을 줄이고, 말한 내용을 텍스트로 옮기는 과정을 반복하면서 자기 서사를 완성시킨다. 고객이 직접 쓰기 어려울 경우에는 인터뷰 내용을 기반으로 한 대필 원고 작업을 병행하기도 한다. 완성된 초고는 감정의 흐름과 서사의 일관성을 중심으로 재점검하며, 때로는 재구성 과정을 거쳐 한 권의 책으로 다듬는다.

또 다른 유형은 SNS에 올린 글을 책으로 엮고 싶어 하는 사람이다. 이런 고객들은 이미 팔로워를 통해 글의 감정선과 표현력이 어느 정도 검증된 경우가 많다. 컨설턴터는 먼저 SNS 글을 시기별·주제별로 분류해, 반복되거나 산발적인 내용을 정리한다. 이어서 일관된 메시지를 중심으로 글을 재배치하고, 흩어진 글들이 하나의 서사를 이루도록 흐름을 잡는다. SNS 글 특유의 짧은 문장과 감정적인 호흡은 살리되, 문체를 책에 맞게 정제한다. 이런 과정을 통해 고객은 감성적 글쓰기를 넘어서 '저자'로서의 서술 감각을 익히게 된다.

반면, 이미 써둔 글을 책으로 묶고 싶은 사람은 글의 양은 충분하지만, 체계가 부족한 경우가 많다. 칼럼, 수필, 강의 자료처럼 성격이 다른 글들이 섞여 있어 하나의 책으로 엮기 어렵다. 컨설턴터는 이때 기존 원고를 전부 검토하고, 주제와 메시지를 기준으로 글을 묶는다. 비슷한 주제끼리 모으고 중복된 부분을 정리하며, 부족한 부분은 새 글로 보완하게 한다. 이렇게 재구성한 뒤에는 각 글이 어떻게 연결될지를 고려해 전체 흐름을 조정한다. 이 과정에서 컨설턴터는 단순한 지도자가 아니라, 편집자의 시선으로 글의 순서와 균형을 잡아주는 역할을 한다.

한편, 무엇을 써야 할지 모르는 사람도 적지 않다. 책을 내고는 싶지만, 주제나 방향이 불분명한 경우다. 이때 컨설턴터는 상담을 통해 고객의 삶과 경험, 전문 분야, 관심사를 탐색한다. 그 대화 속에서 글의 씨앗이 되는 소재를 찾아내고, 이를 중심으로 다양한 주제 후보를 제시한다. "당신의 이야기를 누가 읽으면 좋을까요?", "당신의 경험 중 누군가에게 도움이 될 수 있는 것은 무엇인가요?" 같은 질문을 통해 자신도 몰랐던 이야기의 자원을 끌어내는 것이다. 이후 시범 원고를 한두 편 써보게 하고, 그 글의 가능성을 분석하여 책의 콘셉트를 확정한다. 이 단계는 글쓰기 기술보다 '콘셉트 브랜딩'이 핵심이다. 고객의 삶 속에서 콘셉트의 방향성을 함께 찾아가는 과정이기 때문이다.

마지막으로, 원고를 완성했지만, 완성도가 낮은 고객이 있다. 이는 표현력, 문체, 맞춤법 등에서 미흡한 부분이 많은 경우다. 이런 경우 컨설턴터는 원고의 구조와 흐름을 먼저 분석해 논리적 전개를 다듬고, 중복된 내용은 과감히 덜어낸다. 어색한 문장은 표현을 다듬어 자연스럽게 연결하고, 문장 리듬과 어휘 선택을 개선해 가독성을 높인다. 맞춤법과 문체 일관성은 기본이며, 필요할 경우 전문 편집자와 협업해 교정·교열을 진행한다. 이 단계는 글을 새로 쓰기보다, 이미 쓴 글을 '출판 가능한 수준으로 끌어올리는 과정'이라 할 수 있다.

이처럼 책쓰기 컨설팅은 고객의 상황에 따라 방향과 깊이가 달라진다. 하지만 공통으로 중요한 것은 '책을 만든다'라는 목표다. 컨설턴터는 단순한 글쓰기 교사가 아니라, 고객의 이야기를 세상과 연결해주는 동반자다. 결국 책쓰기 컨설팅이란, 한 사람의 이야기를 발견하고, 그 이야기가 한 권의 책으로 세상에 나올 수 있도록 길을 안내하는 일이다.

책,
어떻게 출판사와
컨텍할 것인가?

　책쓰기 컨설턴터의 중요한 역할 중의 하나는 원고의 컨설팅이다. 보통 일반 책쓰기 컨설팅은 책쓰는 방법만 지도하는 경우가 많지만, 필자는 출판사 컨텍까지 책임진다. 자비 출간의 경우, 비교적 접근이 쉽다. 고객이 알고 있는 출판사나 인쇄소에 연락하는 경우도 있지만, 보통 필자와 협력 관계에 있는 출판사를 소개해준다. 만약 컨설팅을 받지 않은 일반인이라면, 인터넷 검색을 통해 출판사를 찾아보는 것도 좋은 방법이다. 요즘은 '자비 출판', '1인 출판', 'POD 출판' 등의 키워드로 검색하면, 상담부터 인쇄까지 원스톱으로 진행해주는 곳이 많다.

　하지만 자신의 자금이 들어가지 않는 기획 출간은 상황이 다르다. 즉, 출판사가 원고의 가능성을 보고 투자하는 형태이기 때문에, 그만큼 작가로서의 역량과 콘텐츠의 경쟁력을 입증해야 한다.

　기획 출간을 시도하기 위해서는 원고의 완성도가 중요하다. 보통 전체 원고의 50% 이상이 작성된 상태라면 투고가 가능하다. 출판사는 기획서만 보고 결정을 내리지 않는다. 특히 신인 작가의 경우는 검증이 부족하여서,

출판사는 반드시 실제 원고 일부를 검토한 후 판단한다. 반면 이미 이름이 알려진 작가라면 출판기획서와 목차만으로도 계약이 진행되기도 한다.

따라서 초보 작가라면, 최소한 책의 콘셉트가 명확히 드러나는 부분인 1~2장 분량의 완성 원고와 함께 출간기획서를 제출하는 것이 좋다. 필자는 고객의 원고가 완성된 이후에 보낸다.

출판사 투고 준비 과정

투고하려면 먼저 출판사 이메일 주소를 확보해야 한다. 도서관이나 서점에 가면 책의 판권 면(책 앞이나, 마지막 페이지 뒷면)에 출판사명과 이메일이 기재되어 있다. 이를 모아 목록(출판사 LIST)으로 정리한다.

필자의 경우, 오랫동안 출판사 이메일을 하나씩 수집하여 현재 약 1,000곳 이상의 투고 리스트를 보유하고 있다. 이메일 주소는 많을수록 좋다. 다양한 출판사에 투고하면, 그만큼 출간 가능성도 커진다.

투고 시에는 출간기획서와 원고 파일을 함께 첨부한다. 메일 본문에는 간단한 자기소개와 함께 책의 콘셉트를 요약해 담는다.

메일 본문에 예를 들어,

"안녕하세요. ㅇㅇㅇ입니다. 귀 출판사와 출간 계약을 원합니다. 저는 평생교육원에서 자서전 쓰기 과정을 진행하며 쌓은 경험을 바탕으로, 시니어 세대를 위한 실전 자서전 안내서를 집필 중입니다. 출간기획서와 원고 일부를 첨부하오니 검토 부탁드립니다.”

다음 메일(daum.net)은 한 번에 최대 100개의 주소로 메일을 보낼 수 있는 기능이 있어, 다수의 출판사에 투고할 때 유용하다. 다만, 메일을 대량 발송할 때는 제목에 책의 콘셉트를 간결하게 담아 관심을 끌 수 있도록 해야 한다. 예를 들어, “시니어 자서전 실전서 출간 제안드립니다”처럼 핵심이 드러나게 작성한다.

출간기획서의 역할과 형식: 출판사에서 가장 먼저 보는 것은 출간기획서다. 원고보다 먼저 눈에 들어오는 만큼, 기획서의 완성도가 출간 성패를 좌우한다고 해도 과언이 아니다. 예전에는 텍스트 파일이나 워드 문서 형태로 제출하는 경우가 많았지만, 최근에는 PPT 형식으로 시각적 완성도를 높여 제출하는 방식이 일반적이다.

표지에는 제목, 부제, 저자명, 그리고 심플한 디자인을 넣고, 그 다음 슬라이드에는 ‘기획 의도’, ‘이 책의 강점’, ‘목차’, ‘타깃 독자’, ‘홍보 방안’, ‘원고 분량’ 등을 보기 쉽게 정리한다. 출판사 담당자는 수많은 기획서를 검토하기 때문에, 한눈에 콘셉트를 파악할 수 있는 구성과 비주얼이 중요하다.

투고 후의 대응

출판사에 메일을 보낸 뒤에는 기다림이 필요하다. 보통 투고 다음 날부터 한 달 이내에 회신이 오지만, 일부 출판사는 별도의 답변을 하지 않기도 한다. 일정 기간이 지난 후에도 답신이 없을 경우, 출간 의사가 없다고 생각하면 된다.

또한, 한 출판사에서 부정적 답변을 받았다고 해서 실망할 필요는 없다. 출판사의 기획 방향과 시기, 내부 편집 일정에 따라 판단 기준이 다르기 때문이다. 동일 원고라도 어떤 출판사에서는 거절되고, 다른 곳에서는 바로 계약으로 이어질 수 있다.

결국 기획 출간은 콘셉트의 완성도 + 기획서의 설득력 + 작가의 역량이 어우러질 때 성사된다. 즉, 원고의 질이 기본이고, 기획서의 표현력은 그 질을 세상에 보여주는 창구인 셈이다. 작가는 글을 쓰는 사람인 동시에, 자신의 책을 세상에 내보낼 '기획자'이기도 하다. 그리고 책이 출간되면 그 책을 홍보하는 영업사원이 되어야 한다.

출간기획서
작성하는 방법

원고를 완성하는 일과 더불어, 출간기획서와 투고 전략을 체계적으로 준비하는 일이야말로 기획 출간으로 가는 첫 번째 관문이다.

출간기획서는 출판사나 기관, 혹은 협력 파트너에게 '책 콘셉트의 시장 가능성'을 설득하기 위한 하나의 제안서이자 책의 설계도라 할 수 있다. 단순히 책의 내용을 요약하는 문서가 아니라, "왜 이 책이 지금 필요한가", "누가 이 책을 읽을 것인가", "어떻게 팔 수 있는가"를 구체적으로 보여주는 문서다.

출간기획서에는 일반적으로 다음과 같은 항목이 포함된다.

책 제목(가제)

책의 정체성과 방향을 가장 간결하게 표현하는 부분이다. 최종 제목이 아니더라도, 콘셉트를 함축적으로 드러내는 가제(假題)를 제시한다. 예를 들어, '나의 인생, 한 권의 책으로'처럼 내용의 핵심이 직관적으로 드러나야 한다. 때로는 부제(副題)를 함께 제시하여 제목만으로 부족한 설명을 보완하기도 한다.

기획 의도

이 항목은 출간기획서의 핵심이다. 책을 만들게 된 배경과 동기, 저자의 문제의식, 독자에게 전하고 싶은 메시지를 서술한다. 단순히 '책을 내고 싶다'가 아니라, "이 시대에 왜 이 책이 필요한가"를 명확히 제시해야 한다.

예를 들어, 빠르게 변하는 사회 속에서 자신의 인생을 돌아보고 기록하려는 사람이 늘고 있다. 이 책은 그런 사람들에게 '자신의 이야기를 어떻게 구조화하고 글로 풀어낼 수 있는가'를 안내하기 위해 기획되었다. 즉, 시대적 흐름 + 독자의 욕구 + 저자의 기획 의도가 자연스럽게 연결되어야 한다.

책의 강점 및 차별성

유사한 주제의 책들과 비교했을 때 무엇이 다른가, 왜 독자들이 이 책을 선택해야 하는가를 강조하는 부분이다.

예를 들어, 이 책은 실제 자서전 코칭 경험을 토대로, 실습 중심으로 구성했다. 일반 이론서가 아닌, 독자 참여형 자서전 쓰기 워크북이다. 저자가 직접 진행한 코칭 사례와 대필 경험을 수록했다. 책의 차별적 가치, 저자의 전문성, 콘텐츠 구성상의 강점을 구체적으로 제시해야 한다.

목차 구성(또는 원고 개요)

책의 전체적인 구조와 내용을 한눈에 보여주는 항목이다. 단순한 제목 나열이 아니라, 각 장의 핵심 주제와 흐름, 그리고 각 장이 어떤 역할을 하는지를 간단히 덧붙이는 것이 좋다.

예를 들어,

1장: 나를 돌아보는 시간–자서전 쓰기의 첫걸음

2장: 기억을 꺼내는 법–삶의 사건을 글로 정리하기

3장: 이야기로 엮기–삶을 한 편의 스토리로 만드는 과정

이처럼 책의 서사적 흐름과 실용적 가치가 함께 드러나야 설득력이 높아진다.

※참고로 시간별 인생을 서술하는 것보다, 그 사람의 직업 등 핵심 가치가 콘셉트로 들어가는 것이 요즈음 자서전 쓰기의 추세다.

원고 분량

책의 완성 예상 분량을 구체적으로 제시한다. 보통 A4 원고 기준(글자 크기 10pt, 160p)으로 70~100페이지(출간 시 약 210~300쪽 내외) 정도가 일반적이다.

타깃 독자

이 책을 누가 읽을 것인지를 명확히 설정하는 항목이다. 단순히 '일반 독자'로 표현하기보다, 나이, 직업, 관심사, 독서 목적 등으로 구체화해야 한다. 주 타깃, 확산 타깃 등으로 설정해주는 것이 좋다. 독자층을 세분화할수록 출판사의 마케팅 방향이 구체화된다.

홍보 및 마케팅 방안

책 출간 이후 어떻게 독자에게 도달할지를 구체적으로 제시한다. SNS, 유튜브, 강연, 북토크, 언론 보도 등 다양한 홍보 전략을 포함시킨다.

예를 들어, 저자가 운영하는 SNS 채널을 통한 콘텐츠 마케팅, 평생교육원, 문화센터 강좌와 연계한 책 홍보, 지역 도서관, 복지관을 통한 강연 및 낭독회 개최, 자서전 쓰기 워크숍 연계 패키지 프로그램 운영 등. 이처럼 저자의 활동력과 실현 가능성 있는 계획을 제시하면 설득력이 높아진다.

저자 소개

마지막으로, 저자의 약력과 집필 동기를 구체적으로 작성한다. 단순한 이력 나열보다는, "이 책을 쓸 자격이 있는 사람"임을 보여주는 서술이 중요하다.

예를 들어, 10년간 평생교육원에서 자서전 쓰기 과정을 진행하며 200여 명의 원고를 지도했다. '기억의 기록 프로젝트'를 통해 지역 어르신들의 이야기를 책으로 엮는 작업을 꾸준히 이어오고 있다. 이처럼 출간기획서는 책의 콘셉트 + 시장성 + 실현 가능성을 종합적으로 보여주는 문서다. 기획서가 탄탄하면, 아직 원고가 완성되지 않았더라도 출판사나 기관이 "이 프로젝트는 성공할 수 있겠다"라고 판단하게 된다.

3장

'자서전 대필 작가'로 자신을 브랜딩하라

자서전 쓰기,
고객 설득이 먼저다

자서전을 쓰려는 고객을 구하기란 결코 쉽지 않다. 울산이라는 지역에서 필자는 자서전 대필 작가로 어느 정도 알려져 있지만, 여전히 새로운 고객을 만나는 과정은 신중하고 조심스럽다. 대부분은 지인의 소개로 만나게 되며, 첫 만남의 분위기는 대체로 망설임과 의구심으로 가득하다.

"내 이야기가 과연 책이 될 수 있을까요?"

"괜히 남들에게 웃음거리가 되지 않을까요?"

이런 반응은 어찌 보면 당연하다. 아직도 많은 이들이 자서전은 특별한 업적을 남긴 위대한 사람만이 쓰는 책이라고 생각하기 때문이다. 하지만 필자는 늘 이렇게 답한다.

"세상에 똑같은 인생은 하나도 없습니다. 그래서 모든 인생은 특별합니다."

한 사람의 삶에는 그 누구도 흉내 낼 수 없는 고유한 이야기가 담겨 있다. 기업을 일군 회장님, 지역 발전을 위해 헌신한 정치인, 그리고 산업의 황금기를 몸소 살아낸 베이비붐 세대의 삶은 단순한 개인의 기록을 넘어, 대한민국 근현대사의 생생한 단면이자 살아 있는 역사이다. 그들의 발자취에는 성공뿐 아니라 수많은 실패와 좌절, 다시 일어서려는 용기가 함께 깃들어 있다. 그것이 바로 다음 세대가 배우고 느껴야 할 진짜 삶의 교훈이다.

나는 종종 이렇게 비유하곤 한다.

"한 사람의 인생은 하나의 박물관이라는 말이 있습니다. 기록하지 않으면 그 박물관은 사라집니다."

자서전은 그 박물관의 문을 열어 후손들에게 보여주는 일이다. 육신은 시간이 지나 사라질지라도, 그 사람의 정신과 철학, 그리고 인생의 향기는 책 속에서 영원히 숨 쉬게 된다. 따라서 자서전은 단지 한 권의 책을 남기는 일이 아니라, 삶의 증거를 세상에 새기는 일이며, 존재의 의미를 후대에 전하는 가장 가치 있는 방식이다.

요즘은 나이와 관계없이 젊은 세대들도 자서전을 쓰는 사례가 늘고 있다. 그들은 자신의 삶을 되돌아보며 새로운 출발을 준비하는 전환점으로 자서전을 선택한다. 글로써 자신을 성찰하고, 미래를 설계하는 과정에서 스스로 성장하는 것이다.

무엇보다 자서전은 가족에게 주는 선물이다. 자녀와 손주에게 남기는 삶의 조언, 올바르게 살아가는 태도, 그리고 행복의 길을 안내하는 메시지는 후손에게 영원히 빛나는 이정표가 된다. 돈이나 재산보다 더 깊고 오래 남는 유산이 바로 이 기록이다.

자서전은 '위대한 사람'이 쓰는 책이 아니라, 진심으로 자신의 삶을 살아온 모든 사람에게 주어지는 권리이자 축복이다. 기록하면 역사가 되지만, 기록하지 않으면 연기처럼 사라진다. 필자의 역할은 그 귀한 삶을 세상에 남기도록 돕는 일이다. 단어 하나, 문장 하나에 담긴 인생의 온기를 꺼내어 세상과 나누는 것이 바로 필자의 일이며, 그 과정에서 매번 한 사람의 인생이 다시 빛나는 순간을 마주한다.

자서전 대필은 바로 이러한 설득의 과정에서 시작된다. 필자를 직접 만나 대화를 나눈다는 것은 이미 마음속에 '내 이야기를 남기고 싶다'라는 씨앗이 심어졌다는 뜻이다. 따라서 그 마음을 따뜻하게 열어주고, 글로 남기는 가치와 의미를 진심으로 전할 수 있다면 사람 대부분은 결국 자서전을 쓰기 시작한다. 그 순간부터 한 사람의 삶이 기록으로 다시 태어나고, 그 기록은 세상에 단 하나뿐인 역사로 남게 된다.

그렇기에 자서전 상담을 성사시키기 위해서는 그 필요성에 대해 철저한 인식이 선행되어야 한다. 자서전 쓰기 고객 설득이 먼저다. 그래야 그다음 단계로 나아갈 수 있음이 당연하다.

고객과의
계약서 작성

　자서전 쓰기를 진행하고자 결정되었다면 다음으로 해야 할 일이 대필 작가와 고객이 계약서를 작성하는 것이다. 서로의 권리와 의무를 명확히 하기 위해 구체적인 조항을 포함해야 한다. 계약서는 단순히 비용을 정하는 문서가 아니라, 작업의 범위와 책임, 저작권 귀속, 일정, 원고 활용 권한 등을 명시하여 분쟁을 예방하기 위한 중요한 법적 근거가 된다.

　우선 계약서에는 계약 당사자를 명확히 기재해야 한다. 대필 작가와 고객의 성명과 연락처, 주소를 정확히 표기하며, 양측이 본 계약의 주체임을 명시하는 것으로 시작한다.

　다음으로 계약 목적을 기재한다. 본 계약이 고객의 요청에 따라 대필 작가가 자서전(또는 특정 도서)의 집필 및 출간을 위한 원고를 작성하고, 이를 바탕으로 출판을 진행하기 위한 것임을 밝히는 것이다.

　그다음으로 작업 범위를 구체적으로 명시해야 한다. 대필 작가가 담당할 업무에는 인터뷰 진행, 원고 집필, 퇴고, 출판사 선정 협의, 교정 및 교열 반영, 표지와 내지 시안 검토 지원 등의 구체적 내용을 포함하는 것이 바람직하다. 단순히 글쓰기만이 아니라 출판 전 과정의 지원 여부를 명확히 하는 것이다.

원고 분량 및 구성도 포함되어야 한다. 예를 들어, 200자 원고지 기준 약 500~1,000매 내외, 혹은 A4 용지 100매, 책으로 출간되는 페이지는 총 250~300쪽 내외 등으로 구체화하여, 예상되는 원고의 범위를 합의한다.

가장 중요한 조항 중 하나는 계약금 및 잔금, 지급 시기에 관한 사항이다. 대필비 총액을 명시하고, 계약 시 선금 30%, 중간 진행 시 중도금 40%, 최종 원고 완성 후 잔금 30% 지급 등으로 구체적인 지급 조건을 기재한다.(고객과 협의하기 나름이며, 선금 50%, 잔금 50%로 하기도 하는데, 이 방법보다는 선금, 중도금, 잔금 형식이 바람직하다.)

또한 원고의 저작권 귀속에 대한 합의가 반드시 필요하다. 자서전이나 기업사, 회고록의 경우 대개 고객 명의로 출간되므로 저작권은 고객에게 귀속되며, 대필 작가는 이에 대한 일체의 권리를 주장하지 않기로 명시한다. 단, 일부 경우에는 공동 저자나 기획자로 표기하기로 합의할 수 있으며, 이 경우에는 표기 방식과 권한 범위를 별도 조항으로 둔다.

출판사 선정 및 출간 방식도 명시한다. 고객이 직접 출판사를 선택할 경우 그 의사를 존중하며, 대필 작가는 출판사 선정 및 계약 절차를 보조하는 역할을 수행함을 명확히 한다. 자비 출판의 경우 출판 비용 전액은 고객이 부담한다는 점을 명시한다.

작업 일정에 관한 조항도 필요하다. 전체 작업 기간을 예를 들어 "인터뷰 개시일로부터 3개월 이내 초고 완성, 이후 1개월 내 퇴고 완료, 출판사 계약 후 2개월 내 출간 완료" 등의 형태로 구체화하여, 작업 지연 시의 책임 소재를 분명히 한다.

비밀유지 조항 또한 중요하다. 대필 작가는 고객의 개인사, 기업 정보, 미공개 내용 등을 제삼자에게 누설하지 않는다. 이는 대필 작가의 신뢰를 보장하는 핵심 조항이다.

마지막으로 계약 해지 및 분쟁 해결 조항을 둔다. 어느 한쪽의 일방적인 사정으로 계약이 해지될 경우, 이미 진행된 작업에 대한 보상 범위를 명시한다. 예를 들어, 초고가 완성되었을 경우 전체 계약금의 70%를, 인터뷰만 완료된 경우 30%를 지급하도록 하는 등 단계별 정산 기준을 제시한다. 또한 분쟁 발생 시 관할 법원은 고객의 주소지를 기준으로 한다는 식으로 명확히 기재한다.

이 모든 조항을 명시한 후, 양측은 계약서 내용에 동의함을 서명과 날인으로 확인한다. 계약서 2부를 작성하여 각자 1부씩 보관하는 것이 원칙이다.

결국 출간계약서는 대필 작가와 고객 간의 신뢰를 문서로 구체화한 약속서이며, 명확한 조항 설정을 통해 작업의 투명성과 책임의 경계를 분명히 하는 장치인 것이다.

자서전 대필의
진행 과정과 역할

자서전 대필 작가의 역할(10단계)

1. 기획 및 방향 설정

대필 작가의 첫 번째 역할은 자서전의 전체 기획 방향을 잡는 것이다. 고객(의뢰인)의 인생을 그대로 옮기기보다, 그 안에서 이야기의 중심축과 주제 의식을 찾아내야 한다. 고객과의 초기 미팅에서 자서전을 쓰는 의미를 설명하고, 목표 독자를 파악한다. (가족용 / 출간용 / 기업 기록용 등) 인생의 큰 흐름을 '시기별' 혹은 '주제별'로 정리한다. 이 단계에서 작가는 단순히 필자가 아니라 기획자이자 편집자의 역할을 수행한다.

2. 인터뷰 및 자료 수집

자서전은 고객의 기억을 토대로 만들어진다. 따라서 작가는 인터뷰를 통해 고객의 인생을 단계별로 정리해야 한다. 녹취기와 노트북을 준비해 모든 대화 내용을 기록한다. 그리고 고객이 보유한 사진, 상장, 신문 기사, 편지 등 자료를 요청한다. 자료는 디지털로 스캔하여 체계적으로 보관한다.

3. 목차 및 구조 설계

작가는 수집된 인터뷰 내용을 토대로 자서전의 전체 목차(구조)를 설계해야 한다. 사건의 흐름을 연대기 순으로 나열하거나, 콘셉트(주제), 중요 사건 별로 장(章)을 구성한다. 그리고 중복되거나 비슷한 내용은 하나로 통합한다. 각 장의 소제목은 간결하고 직관적으로 정리한다. 이 과정은 '이야기의 지도'를 그리는 일과 같다.

4. 구술 정리 및 서사 구성

인터뷰가 진행될수록 고객의 이야기는 풍부해진다. 작가는 녹취록을 바탕으로 서사 흐름을 정리하고 연결하는 작업을 해야 한다. 녹취 내용을 문장으로 옮기되, 고객의 말투를 살린다. 사건과 사건 사이의 공백은 자연스러운 연결 문장으로 메운다. 필요할 경우 추가 질문을 통해 디테일을 보완한다. 인물의 대사, 감정 묘사, 당시의 풍경 등을 서정적으로 표현한다. 이 과정에서 중요한 것은 사실의 정확성보다 진정성이다. 문장은 매끄럽게 다듬되, 그 사람의 인생의 온도를 유지해야 한다.

5. 초고 집필

작가의 핵심 업무는 바로 초고(初稿) 작성이다. 이 단계에서는 모든 자료를 토대로 완전한 원고 형태로 만들어야 한다. 각 장의 도입부에는 사건의 배경과 시대 분위기를 묘사한다. 본문에서는 사건 중심으로 전개하고, 중간중간 교훈이나 느낀 점을 자연스럽게 녹여 넣는다. 문체는 고객의 나이, 성격, 직업적 배경에 어울리게 맞춘다. 감정이 과하거나 인위적으로 보이는 표현은 절제한다. 장마다 핵심 메시지나 여운 있는 마무리 문장을 추가한다. 초고는 전체의 70~80% 완성도 수준을 목표로 하며, 고객과의 피드백을 통해 다듬어 나간다.

6. 피드백 및 보완

초고가 완성되면, 고객에게 검토용으로 원고를 큰 글씨로 프린트 하여 (고객이 나이가 많은 경우 글자가 잘 보이지 않음) 전달한다. 그리고 작가는 리딩(Reading) 미팅을 통해 고객의 반응을 직접 확인한다. 고객에게 낭독하거나, 대필 작가가 직접 읽는다. 틀린 사실이나 빠진 인물, 잘못된 표현이 없는지 점검한다. 고객이 수정 의견을 내면 최대한 반영한다. 새로운 에피소드가 추가될 경우, 관련 내용을 보완하여 2차 원고에 포함한다.

7. 교정 및 완성 원고 정리

고객의 피드백이 반영된 뒤에는 작가는 완성도를 높이기 위한 마지막 정리 작업에 들어간다. 맞춤법, 띄어쓰기, 문장 호흡 점검 불필요한 반복, 군더더기 문장 제거 사건 순서나 인과관계가 어색한 부분 수정, 사진 · 삽화 · 캡션 위치 정리, 각 장의 제목과 소제목을 통일감 있게 수정, 이 단계는 문장을 미세 조정하며, 글 전체의 흐름과 감정의 리듬을 다듬는 과정이다.

8. 핵심 감정을 포착하여 제목으로 제안한다.

서브타이틀(부제)은 간결하고 설명적인 문장으로 정리한다. 제목을 정하는 과정에서 작가와 고객의 감정이 가장 가까워진다. 이 시점에서 고객은 비로소 자신이 '작가가 되었다'라는 자부심을 느낀다. 참고로 책 제목은 출판사와 출간 과정에서 바뀔 수 있다.

9. 출판 전 마무리

초고가 완성되면 작가는 출판 전 마지막 조율을 진행한다.

1) 출판 형식 결정: 자비 출간 또는 기획 출간 / POD(주문형 인쇄 / 전자책 등)
2) 디자인 및 편집 방향 제안: 표지 콘셉트, 본문 레이아웃
3) ISBN 등록 및 납본 절차 안내
4) 저작권 · 인세 관련 안내
5) 온 · 오프라인 판매 여부
6) 작가는 출판사와 고객 사이의 다리 역할을 하며, 원고가 문제없이 인쇄 단계로 넘어가도록 책임진다.

10. 출간

최종원고 OK 사인 후 2주 정도 걸리면 고객은 완성된 책을 받아볼 수 있다. 그때 책에 대한 가벼운 마무리와 뒤풀이를 하기도 한다.

자서전 실전, 차시별 구술 텍스트 진행

1차시 - "이제, 당신의 이야기가 한 권의 책이 됩니다."

1차시에 정리를 도와줄 관련 인원 한두 명을 자서전 미팅 시 동석하도록 요구한다. 기업 회장님의 자서전일 경우 당사자는 굉장히 바쁜 경우가 많다. 그때 동석한 사람에게 자서전의 기초가 되는 자료를 요구하는 등 기타 협의를 하기 위해서다.

1) 진행 목표: 고객(의뢰인)과의 신뢰 형성, 자서전 프로젝트의 방향과 일정 확정, 초기 인터뷰(구술) 및 인생 키워드 발굴, 계약서 작성, 출간 형식 등 출판사 선정, 출판 금액 등 출판 프로세스에 대해 충분히 설명한다.

2) 진행 내용: 첫 만남에서는 무엇보다 신뢰를 쌓는 것이 중요하다. 따라서 서두에 '이제, 당신의 이야기가 한 권의 책이 됩니다.'라는 말로 프로젝트의 목적과 의미를 전달한다. 이후 고객과 함께 자서전을 왜 쓰려 하는지, 어떤 형태의 책을 원하는지, 누구에게 이 책을 남기고 싶은지에 대해 자연스럽게 대화를 나눈다.

태어난 곳, 유년 시절의 기억, 성장 과정에서 기억에 남는 사건, 젊은 시절의 도전과 선택, 가족을 위해 흘린 땀과 헌신의 이야기, 일하며 지켜온 가치관, 좌우명, 인생의 전환점이 된 사건 또는 인물 등을 고객이 충분히 이야기하도록 유도한다.

대화 주제 예시)

"그때 어떤 감정을 느끼셨나요?"

"그 일이 지금의 삶에 어떤 영향을 주었나요?"

와 같은 질문을 던진다. 이 과정에서 감정의 흐름을 파악해두는 것이 중요하다. 자서전이라고 하여 태어날 때부터 시작할 필요는 없으며, 흐름의 방향은 다양하다. 그리고 주제(콘셉트) 위주로 기술하는 것이 자서전과 콘셉트 책 두 마리의 토끼를 잡는 방법이기도 하다.

마지막으로 고객에게 숙제를 제시한다.

※숙제: "내 인생에서 가장 중요했던 일 20가지를 '뉴스 제목'처럼 간단히 적어오기." 이 과제는 다음 미팅에서 자서전의 중심축을 잡는 자료가 된다.

2차시 - 기억의 파편을 자유롭게 말하기

1차시를 마친 후 작가는 1차시에 구술한 내용을 텍스트로 정리해야 하며, 2차시 시작할 때 먼저 정리한 내용을 낭독한다. 그리고 질문할 내용도 미리 준비하여 고객이 막힘 없이 자신의 인생을 말하도록 유도한다.

1) 진행 목표: 1차시 인터뷰 내용을 정리 및 공유, 인생사 주요 사건의 구체적 디테일 확보, 고객의 표현 방식 파악

2) 진행 내용: 2차시에는 작가가 1차시에서 녹취한 내용을 정리하여 초

안 형태로 준비한다. 미팅이 시작되면 작가가 정리한 내용을 낭독하며, 이때 고객이 자신의 이야기 중 수정하고 싶은 부분이나 추가하고 싶은 내용을 자유롭게 말하도록 한다. 그 과정에서 작가는 고객의 반응과 감정 포인트를 주의 깊게 관찰하며 새로운 질문과 보완 대화를 이어간다.

대화 주제 예시)

"이 부분에서 어떤 심정이셨나요?"

"그때 가족들은 어떤 반응이었나요?"

"이 경험이 지금의 당신을 만든 계기였을까요?"

"수정하고 싶거나 보완하고 싶은 내용은 없나요?"

이처럼 대화를 통해 이야기의 깊이와 감정선을 풍성하게 만든다.

추가로 구술하게 하고 메모와 녹취를 병행하며, 특히 고객이 자주 사용하는 표현이나 어투를 기록해두면 후속 집필 과정에서 그 사람만의 '목소리'를 살릴 수 있다.

2차시가 끝날 즈음이면, 고객은 자신이 말한 내용이 어떻게 글로 정리되고 책의 형태로 발전할 수 있는지 어렴풋이 감을 잡게 된다. 이때 작가는 "자서전은 결국 당신의 언어로 완성됩니다."라는 말을 덧붙이며 자서전 쓰기에 대한 자신감을 심어준다.

3차시 - 인생의 구조를 세우다

1, 2차시에 진행한 내용 목차와 내 인생 20가지 뉴스를 바탕으로 가 목차를 만든다. 이때 전부를 만들 수는 없으며 5장 내외의 대주제와 대주제 하위 소주제 4개 내외의 꼭지 제목을 배치한다. 약 20개의 꼭지로 가 목차를 만든다.

1) 진행 목표: 자서전의 가 목차 구성(목차, 장·소제목)과 인생 스토리라인의 흐름을 나름대로 정한다. 이것은 뒤의 인터뷰에 따라 언제든지 변할 수 있음을 안내한다. 그리고 책 콘셉트 초안을 정한다.

2) 진행 내용: 2차시에서 구술된 내용 정리한 것을 낭독하고 고객의 의견을 청취한다. 그리고 고객이 제시한 책 제목에 대해 토론한다. 고객이 작성해온 ‘내 인생의 20가지 뉴스’를 바탕으로 자서전의 전체 구조를 설계한다. 먼저, 1·2차시에서 수집된 자료를 바탕으로 중복되는 사건을 정리하고 흐름을 잡는다.

인생의 단계별이나 주제별로 이야기를 배치하여 ‘장(대주제)’과 ‘꼭지(소제목)’를 나눈다.

대주제(장별) 예시)

제1장: 어린 시절의 기억, "바닷가에서 뛰어놀던 아이"

제2장: 젊은 날의 도전, "울산으로 간 청년"

제3장: 일터에서의 시간, "ㅇㅇ회사와 함께한 30년"

제4장: 가족, 그리고 나, "아버지로서 자부심"

제5장: 새로운 시작, "은퇴 후 다시 배우다"

그리고 새로운 구술 및 녹취를 진행한다.

※ 숙제: 자서전 쓰기에 도움이 되는 자료 요구, 고객이 말하다가 막히는 부분이 생길 수 있기에 고객과 관련된 신문 기사나, 홈페이지, SNS 등을 요구한다.

4차시~초고 완성까지

준비한 자료에 관해 설명을 듣고, 앞 차시의 내용을 정리한 부분을 읽고 의견을 청취한 후 새로운 내용을 녹취 및 메모를 한다. 이렇게 반복적으로 초고 완성 시까지 반복한다. 보통 초고 완성은 2개월에서 4개월 정도가 소요된다.

자서전 실전, 초고 완성 후 출판까지

퇴고 과정

초고가 완성되었다는 것은 책의 전체 틀이 완성되었다는 의미이지만, 완벽한 문장이 되었다는 뜻은 아니다. 이 단계에서는 문장과 표현을 다듬고, 구성의 흐름을 자연스럽게 연결하는 작업이 필요하다. 퇴고 기간은 보통 약 1개월 정도 소요된다.

퇴고가 끝난 후에는 고객과의 미팅을 통해 원고 리딩(reading)에 들어간다. 이때 주의할 점은 고객의 나이가 연로한 경우가 있기에 글자 크기를 13~14pt로 크게 해야 한다. 그리고 처음부터 다시 리뷰하는 시간을 가진다. 작가는 원고를 인쇄해 고객에게 전달하고, 함께 읽으며 고객의 의견을 청취한다. 이 과정은 1~2회 정도 반복되는 것이 일반적이며, 고객이 원하면 추가 검토 기회를 제공한다. 다만 일부 고객은 "작가에게 전적으로 맡기겠다"라며 위임하기도 한다.

자서전 대필 작업은 단순히 글을 쓰는 것으로 끝나지 않는다. 대필 작가의 역할은 그 이후에도 계속된다. 고객과 출판 방향에 대해 상의하고, 적합한 출판사를 알아보는 일까지도 대필 작가의 중요한 업무 중 하나다. 고객이 이미 출간을 원하는 출판사가 있다면 그곳과 협의하면 되지만, 대부분 출판사 선정은 작가가 주도적으로 진행해야 한다.

이때 가장 먼저 고려해야 할 것은 인쇄 부수와 출간 예산이다. 자서전은 대부분 자비 출간의 형태이므로, 고객의 경제적 여건과 책의 활용 목적(가족용, 홍보용, 기념용 등)을 감안해 적절한 부수를 정해야 한다. 일반적으로 초판 인쇄는 1,000부를 기준으로 한다.

자서전에는 인물 사진이나 현장 사진이 다수 포함되는 경우가 많아 컬러 인쇄를 선택하는 경우가 많다. 컬러는 흑백보다 인쇄비가 훨씬 비싸다. 보통 300쪽 분량의 책을 1,000부 인쇄할 때 약 900만 원 내외의 비용이 든다. 정치인이나 기업 대표처럼 책을 홍보나 이미지 제고 목적으로 활용할 때는 2,000부 이상 대량 인쇄를 하기도 한다.

출판사와의 계약 및 편집 과정

출판사가 결정되면, 고객과 출판사 간에 출간 계약서를 체결한다. 이후 작가는 완성된 원고를 출판사에 전달한다. 출판사는 원고를 받아 교정·교열 작업을 진행한다. 교정본에는 수정 및 제안 사항이 붉은색으로 표시되어 작가에게 피드백되며, 작가는 이를 확인하고 의견을 제시한다.

이후 출판사는 내지 디자인을 편집하여 PDF 시안으로 작가에게 보낸다. 작가는 이 시안을 고객과 함께 검토하고, 세부적인 수정 사항이나 오탈자 등을 최종 점검한다.

그다음 출판사는 표지 디자인 시안 3종 내외를 제안하며, 고객이 최종 디자인을 선택할 수 있도록 한다. 표지 선택이 완료되면 인쇄를 위한 최종 승인(OK 사인)을 출판사에 전달한다.

인쇄 및 출간 일정

보통 최종 승인 후 인쇄까지 약 2주 정도가 소요된다. 원고를 출판사에 넘긴 시점부터 실제 책이 완성되어 나오기까지의 전체 기간은 약 2~3개월 이다. 출간 일정이 급한 경우, 예를 들어 출판기념회나 특정 행사 일정에 맞추어야 한다면, 출판사에 미리 요청하면 가능한 한 일정을 조정해 준다.

출판기념회 준비

완성되어 납본이 끝나면, 일부 고객은 출판기념회를 개최한다. 이때 작가는 출판기념회에서 낭독할 출간 소감문, 내외빈 축사 원고, 혹은 행사 진행 대본 등을 요청받는 경우가 많다.

특히 첫 출간을 하는 고객의 경우 출판기념회 경험이 없어 작가에게 행사 진행 방법이나 구성에 대한 조언을 구하기도 한다. 정치인이나 기업 대표의 경우에는 출판기념회가 홍보의 장이 되기도 하므로, 행사 콘셉트와 규모를 고객의 상황에 맞게 안내하는 것이 좋다.

또한 출판기념회에서 북 토크(Book Talk) 형식으로 질의응답이 진행되는 경우, 작가가 Q&A 목록을 미리 작성해 제공하기도 한다.

모든 고객이 출판기념회를 여는 것은 아니다. 개인 자서전의 경우 조용히 책만 받아 가족이나 지인에게 전달하는 형태로 마무리하기도 한다.

참고로, 출판기념회에서는 참석자들이 책값을 봉투에 넣어 부조 개념으로 전달하는 경우도 있다. 이러한 부분은 사전에 고객과 충분히 협의해 두는 것이 좋다.

이처럼 자서전 출간은 단순히 초고가 끝이 났다고 글을 쓰는 작업이 끝나는 것이 아니다. 출판사 섭외 → 퇴고 및 교정 → 편집 및 인쇄 → 출판기념회에 이르는 하나의 완결된 프로젝트이다.

대필 작가는 단순한 글쓴이를 넘어, 고객의 이야기가 세상에 잘 전달될 수 있도록 만드는 기획자이자 조력자의 역할을 끝까지 수행해야 한다.

직접 자서전을
쓰도록 지도

코칭 자서전

자서전 쓰기 코치의 역할

1. 코칭 자서전의 목적

대필 자서전이 결과 중심의 작업이라면, 코칭 자서전은 과정 중심의 자기 성찰 프로그램이다. 사람은 자기 이야기를 직접 써보는 과정에서 잊고 있던 기억을 되찾고, 삶의 의미를 새롭게 정리하게 된다. 글을 쓰는 행위 자체가 하나의 회상치료이자 자아 치유의 시간이 된다. 따라서 코치의 역할은 글을 '대신 써주는 사람'이 아니라, 글을 '끌어내 주는 사람'이어야 한다.

2. 코치의 역할

자서전 코치(글쓰기 지도자)는 다음과 같은 단계로 작동한다.

방향 제시자: 고객이 자서전을 왜 쓰려 하는지, 어떤 이야기를 중심에 둘지를 함께 정리한다.

→ "당신 인생의 주제는 무엇이라고 생각하시나요?"

→ "이 책을 통해 누구에게 어떤 메시지를 전하고 싶으신가요?"

구조 설계자: 인생의 흐름을 '유년기 – 청년기 – 중년기 – 현재' 등으로 나누고, 각 시기의 핵심 사건을 찾아내도록 지도한다.

→ 연표 작성, 키워드 정리, 목차 초안 구상, 내 인생 20대 뉴스 등

글쓰기 촉진자: 글을 대신 쓰지 않는다. 대신 고객이 쓴 글을 읽고, 방향과 표현을 함께 고민한다.

→ "이 장면을 좀 더 구체적으로 써보면 어떨까요?"

→ "그때의 감정을 한 문장으로 표현해볼까요?"

심리적 동반자: 글쓰기를 어려워하거나 자신 없어 하는 고객에게 격려를 아끼지 않는다. 글을 쓴다는 것은 곧 '자기 고백'이기에, 코치는 심리적 안전지대를 만들어주는 역할을 한다.

3. 진행 방식

코칭 자서전은 일반적으로 1:1 혹은 소그룹 워크숍 형태로 진행된다. 보통 8~10회에 걸쳐 회차별로 주제를 정해 글을 쓰게 한다.

예를 들어,

1회차 – 어린 시절의 나

2회차 – 나의 첫 번째 도전

3회차 – 가족과 함께한 시간

4회차 – 일과 인생의 균형

5회차 – 힘들었던 순간, 나를 일으킨 것

6회차 – 내가 배운 삶의 가치

7회차 – 앞으로의 꿈과 다짐

주제별로 2~3페이지 분량의 글을 완성하게 하고, 코치는 수업 중 참가자들의 글을 낭독 받으며 피드백을 제공한다.

4. 피드백의 원칙

코칭 자서전의 피드백은 '문법적 첨삭'보다 정서적 공감이 우선이다. 고객은 전문 작가가 아니라 평생을 성실히 살아온 사람이다. 따라서 코치는 글의 완성도보다, 진심이 담긴 표현을 끌어내는 것에 집중해야 한다.

"이 부분은 정말 따뜻하네요."

"이 장면에서 선생님의 진심이 느껴집니다."

"이 문장은 꼭 남겨야 할 것 같아요."

이런 말 한마디가 참여자에게 큰 용기가 된다. 코칭의 목적은 작가를 만드는 것이 아니라, 자신의 이야기를 끝까지 완성하도록 이끌어주는 것이다.

※이때 중요한 것은 지나친 지적은 삼가고 생각을 자유롭게 흐르도록 하는 것이다. 처음부터 너무 연필을 힘들여 잡으면 심이 부러지는 것과 같은

5. 작가의 기술적 지원

코치는 단순한 감정 조력자에 머물지 않는다. 실질적인 글쓰기 기술과 구성도 함께 지도해야 한다. 문단 구성법(도입 – 전개 – 결말), 회상에서 현재로 자연스럽게 전환하는 법, 긴 문장을 간결하게 다듬는 법, 인물과 사건을 입체적으로 표현하는 법, 필요할 경우 예시 문장이나 샘플 문단을 제시하며, "이런 방식으로 써보면 더 생생할 것 같습니다."라는 식으로 안내한다. 그리고 과거의 일을 생각나게 하기 위해 전환점이 된 부분, 가령 고등학교에서 대학교로 넘어갈 때라든지, 사업에 실패했을 때의 일이라든지, 위기를 극복한 경험이라든지, 최고의 기회가 된 사건이라든지. 고객이 생각을 끄집어낼 수 있는 적절한 질문을 던져야 한다.

6. 코칭 결과물

코칭 자서전의 결과물은 대필 원고가 아니라 '저자의 자필 원고'이다. 작가는 그 원고를 정리 · 편집하는 수준에서만 관여한다. 고객이 직접 쓴 원고를 문장 단위로 다듬고 맞춤법 · 표현 · 구조만 정리한다. 문체는 고객의 개성과 감정선을 그대로 유지한다. 원고가 완성되면 출간을 돕거나, 가족에게 기념으로 제작해 전달한다. 책으로 출간하는 방식은 POD, 하루북 출간, 자비 출간 등의 방식이 있다. 일반적으로 자서전은 출판사에서 거의 기획 출간을 해주지 않는다. 그리고 수업 시간에 한 글쓰기만으로 책 한 권 분량이 나오기 어렵다. 더 세부적이고 책 한 권 분량의 자서전 결과물을 원할 때는 별도 계약을 하고 진행한다.

7. 코칭 자서전의 가치

이 방식의 가장 큰 장점은 참여자 스스로가 작가가 되는 경험이다. 누군가 대신 써주는 글이 아니라, 자신의 손끝에서 나온 글이 책이 된다는 것은 인생 후반기에 누릴 수 있는 최고의 성취이자 자존감의 회복이다. 자서전 코치는 그 과정을 옆에서 조용히 도와주는 사람이다. 그의 역할은 '대필 작가'가 아니라, 삶을 스스로 써 내려가게 만드는 안내자이다. 그리고 이것을 계기로 스스로 자신의 삶에 관해 책 한 권 분량을 스스로 적을 수도 있으며, 지도 작가는 그런 부분을 안내해 주면 좋다.

코칭 자서전 실전

대필 방식이 작가가 고객의 이야기를 듣고 정리하여 대신 써주는 '구술 기반 자서전'이었다면, 이 방식은 '직접 쓰게 만드는 자서전 코칭'이다.

지금은 베이비붐 세대가 은퇴 시기에 접어든 시점이다. 직장과 사회에서 한 시대를 이끌었던 이들은 이제 인생의 후반부를 살아가며, 자신의 발자취를 정리하고 가족과 후대에 남기고자 하는 열망을 갖고 있다.

많은 실버 세대가 "나도 내 인생 이야기를 책으로 남기고 싶다"라는 소망을 품고 있다. 그들은 젊은 시절부터 가족을 위해, 회사를 위해, 나라를 위해 열심히 살아왔으며, 이제는 그 치열한 세월을 돌아보며 스스로를 기록하고자 한다.

자서전은 단순한 글쓰기가 아니라, 삶의 회고이자 자기 치유의 과정이며, 한 사람의 생애가 세대의 역사로 이어지는 가장 인간적인 기록 행위이다. 그러나 현실적으로 많은 사람이 자서전 쓰기를 주저한다. 글을 잘 써본 경험이 없다는 두려움, 출판 절차를 모른다는 막연함, 그리고 "책을 내면 비용이 많이 들지 않을까?" 하는 걱정 때문이다.

이러한 심리적 장벽이 자서전 출간의 가장 큰 걸림돌이 되고 있다. 하지만 인생사 모든 일이 그렇듯, 방법만 알면 어려운 일은 아니다. 요즘은 개인이 직접 책을 낼 수 있는 환경이 매우 잘 마련되어 있다. 앞서 언급했던 디지털 인쇄 기술의 발전으로 POD(주문형 인쇄)(Print On Demand) 시스템을 이용하면 한 권만이라도 손쉽게 제작할 수 있다.

또한, 글쓰기를 돕는 워크숍이나 1:1 코칭 프로그램을 통해 자신의 이야기를 구조화하고 문장으로 표현하는 방법도 배울 수 있다. 출판사에 전적으로 의존하지 않고도, 기획 · 편집 · 디자인을 단계별로 진행할 수 있는 개인 출판 플랫폼도 다양하게 존재한다. 즉, 지금은 큰돈을 들이지 않고도 자신의 인생을 책으로 남길 수 있는 시대이다.

중요한 것은 글쓰기의 기술이 아니라, 자신의 삶을 솔직하게 돌아보는 용기이다. 누구나 마음속에는 한 편의 자서전이 있다. 다만, 그것을 세상에 꺼내는 방법을 모를 뿐이다. 자서전 쓰기는 '나를 기록하는 일'이자, 내가 살아온 시대를 후세에게 전하는 가장 인간적인 유산이다.

이때 유의할 점은 자서전에다 콘셉트를 넣는 것이다. 인생에다 자신이 한 일을 융합적으로 녹여내는 것이 중요하다. 일하면서 지킨 원칙이나, 사업을 하면서, 직장을 다니면서 한 일이 콘셉트가 될 수 있다.

필자가 컨설팅하여 나온 자서전은 헤아릴 수 없을 정도로 많다.

딸 세 명을 키우며 홀로 살아가는 윤○○,

SK 은퇴하고 직업 상담사 역할을 하는 경○○,

에베레스트를 등반한 ○○○,

옛집을 한옥 스테이로 만든 권○○,

평생 어선 기관사로 산 김○○,

자신의 옛날이야기 한 권과 고래 역사를 쓴 김○○,

자신의 이야기와 삶의 비전을 쓴 한○○,

책 8권을 쓰고 작가가 된 김○○,

경주에서 태어나 울산 현대자동차에 다닌 홍○○

…

등 이외에도 수많은 책이 있으며, 일일이 열거하기도 힘든 많은 사람이 나와 함께 책을 썼다. 또한, 이름만 이야기하면 모두가 알 정도의 그룹 회장님과 중견 회사 회장님 등 기업인들의 자서전을 쓰기도 했다.

이제는 글을 잘 쓰는 사람이 아니라, 삶을 성실히 살아온 모든 이들이 작가가 될 수 있는 시대이다. 조금의 도움과 올바른 방법만 안다면, 누구나 자신의 이름으로 된 한 권의 책을 세상에 내놓을 수 있다.

죽고 나면 한 줌의 재로 남는 것이 인생이다. 바람에 날려가면 아무것도 남지 않는다. 누구에게나 쉬운 삶은 없다. 그렇게 고생하고 기뻐하고 일생 노력하여 이룬 것들이 바람에 날려 가버리고 남는 것이 아무것도 없다면 인생은 얼마나 허무한가.

이 부분에서 글쟁이들의 역할은 매우 중요하다. 자서전을 쓰고 싶지만, 방법을 몰라 망설이는 사람들에게 글쟁이들은 든든한 조력자가 될 수 있다. 그들에게 글쓰기 방법을 지도하고, 원고를 함께 다듬으며, 최종적으로 출간까지 이어주는 과정은 결코 어렵지 않다.

오히려 오랜 세월 글을 써온 사람이라면 이러한 과정을 이해하고 체계화하는 데 오랜 시간이 걸리지 않는다. 글쟁이들은 자신의 글로만 수익을 창출하는 것이 아니라, 다른 사람의 이야기를 글로 완성해주는 일을 통해서도 새로운 시장을 개척할 수 있다. 즉, 자서전 코칭이나 대필, 글쓰기 강의 등으로 활동 영역을 확장할 수 있다는 뜻이다. 이는 단순한 기술이 아니라, 타인의 인생을 존중하며 그것을 문장으로 정리해 주는 인문적 서비스이자 전문 직업영역이다.

다만, 남의 인생을 글로 써 내려간다는 것은 자신의 글을 쓰는 일과는 다르다. 자서전 대필이나 코칭을 하려면, '어떻게 질문을 던지고, 어떤 순서로 인생을 풀어내며, 어떤 언어로 감정을 표현해야 하는가'라는 글쓰기의 구조와 심리적 흐름을 이해해야 한다. 이것이 바로 글쟁이가 준비해야 할 출발점이다.

자서전 코칭의 시장성

자서전 코칭은 앞으로 더욱 성장 가능성이 큰 분야이다. 특히 베이비부머 세대가 점차 인생의 후반부로 접어들면서, 자신의 삶을 정리하고 기록으로 남기고자 하는 욕구는 계속해서 증가하고 있다. 그러나 이들의 이야기를 체계적으로 정리해 책으로 완성해 줄 전문적인 글쓰기 인력은 여전히 부족한 상황이다. 이는 곧 자서전 코칭이 단순한 글쓰기 기술을 넘어, 하나의 의미 있는 시장으로 자리 잡을 수 있음을 보여준다.

이 시장에서 중요한 것은 완벽한 준비가 아니라 '시작하는 용기'이다. 거창한 계획이나 충분한 경험이 없더라도, SNS에 자신의 글을 한 줄 올리는 것에서부터 시작할 수 있다. 혹은 문화센터나 공공기관에 간단한 제안서를 보내보는 작은 시도 역시 충분히 의미 있는 출발점이 된다. 이러한 작은 행동들이 쌓이며 기회가 만들어지고, 그 과정에서 자신만의 영역과 고객이 형성된다.

이러한 과정을 통해 글쟁이는 기록자가 아닌 '인생의 동반자'로 자리하게 된다. 한 사람의 지나온 시간과 감정을 함께 정리하며, 그들의 삶에 의미를 부여하는 역할을 하게 되는 것이다. 그 순간부터 글은 단순한 텍스트가 아니라, 누군가의 역사이자 존재의 증명이 된다.

이러한 진정성 있는 작업이 쌓이면, 신뢰와 평판이 뒤따르게 되고, 그에 따른 경제적 보상도 자연스럽게 이어진다. 자서전 코칭은 단순한 수익 창출을 넘어, 사람의 삶을 기록하고 남기는 가치 있는 일이며, 동시에 충분한 시장성과 가능성을 지닌 분야라고 할 수 있다.

○○그룹 회장님
자서전 쓰기

자서전 대필과 책쓰기 컨설팅을 한다는 소문이 조금씩 퍼지기 시작하던 무렵이었다. 어느 날, 대학 시절 국문학과 선배이자 당시 교수로 재직하고 있는 분에게서 전화가 걸려왔다.

"윤 작가, 요즘 자서전 많이 쓴다며? ○○그룹 회장님이 자서전을 써줄 사람을 찾고 있는데, 너를 한번 소개하려고 하는데 어때?"

그 말에 가슴이 뛰었다. 정치인의 자서전은 몇 권 써봤지만, 기업 회장의 자서전은 처음이었다. 그런데도 망설임은 없었다.

"형님, 소개만 해주시면 무조건 OK입니다."

그즈음 필자는 어떤 글이든 자신 있게 쓸 수 있다는 확신이 있었다. 특히 자서전 분야에서는 이미 여러 사람의 삶을 정리해온 경험이 있었기에, '이 분야만큼은 내가 프로다'라는 자부심도 있었다.

며칠 뒤, 선배 교수의 주선으로 필자는 박미향 대표와 함께 경영학과의 한 교수를 만나게 되었다. 그 교수의 신뢰를 얻는 것이 먼저였다. 그래서 우리 팀이 진행한 책과 컨설팅하여 출간된 책, 그리고 직접 작업한 정치인 몇 명의 자서전을 들고 갔다.

　그 자리는 중요한 자리였다. 그 교수는 책을 많이 낸 경영학 학자였다. 당연히 책쓰기에 대한 지식이 해박했으며, 그동안 수많은 학생의 논문을 지도한 경험이 있기에 글쓰기에 대하여도 전문가적인 자세가 드러났다. 먼저 그에게 필자를 소개하고 그동안 진행한 자서전 프로젝트에 관해 설명했다. 필자의 설명을 들은 후 회장님에게 이야기하고 연락을 주기로 하고 헤어졌다. 그리고 며칠 후 연락이 왔다.

　그 교수님은 회장님과 오랜 인연이 있는 분이었다. 그 만남을 계기로 마침내 ㅇㅇ그룹 회장님을 직접 뵙게 되었다. 첫 자리에는 나와 박 대표, 감수를 맡을 그 교수님, 그리고 회장님 이렇게 네 사람이 한자리에 앉았다.

　책의 방향, 구성, 인터뷰 일정 등을 논의하기 전, 회장님은 조심스럽게 입을 열었다.

　"내 이야기가 책이 되겠어? 괜히 다른 사람들에게 웃음거리가 되는 건 아닐까?"

　그 말에는 오랜 세월 사업을 하며 쌓인 겸손과 동시에, 자기 이야기를 드러내는 것에 대한 부담감이 묻어 있었다. 그 마음이 이해되었다. 하지만 필자는 단호하게 말했다.

　"아닙니다, 회장님. 회장님처럼 자수성가하신 분의 이야기가 책으로 남아야 합니다. 그건 단지 개인의 기록이 아니라, 한 시대의 기업사가 됩니다. 그렇게 힘들게 일궈내는 과정이 그냥 묻혀버린다면, 그건 회장님 개인에게뿐 아니라 사회적으로도 큰 손실입니다.”

그 순간, 회장님의 표정이 조금 누그러졌다. 눈빛에는 여전히 망설임이 남아 있었지만, 그 안에는 신뢰의 기운이 스며들기 시작했다.

그렇게 우리는 ‘○○그룹 회장의 자서전’이라는 프로젝트를 정식으로 시작했다. 그 만남은 필자의 인생에서도 중요한 전환점이 되었다. 그동안 한 개인의 인생을 기록하는 글을 써왔지만, 이번에는 한 기업의 역사이자 한 세대의 도전과 성장의 궤적을 담아내야 했다. 이 작업은 단순히 한 사람의 삶을 기록하는 일이 아니라, 시대의 정신과 산업 발전의 흐름을 함께 써 내려가는 일이었다.

자서전 집필 과정은 쉽지 않았다. 수십 년 전의 기억이 희미해 다시 확인해야 하는 경우가 많았고, 실패나 위기와 같은 민감한 부분을 어떻게 표현할지 고민도 깊었다. 특히 거래처와의 일화나 인물 간의 관계를 다룰 때는 표현 하나에도 신중을 기해야 했다. 한 사람의 명예와 또 현재도 거래하고 있는 거래처의 입장을 동시에 고려해야 했기 때문이다.

네 명의 자서전 쓰기 팀은 일주일에 한 번씩 만나, 1년이 넘는 시간 동안 이야기를 나누었다. 처음엔 다소 격식을 차리던 만남이었지만, 시간이 지날수록 마음의 거리가 좁혀졌다.

말로만 듣던 기업 창업주와 눈을 맞추고, 그의 삶의 이면을 직접 들을 수 있다는 것은 내게 큰 행운이었다. 회장님은 생각보다 훨씬 소탈하고 인간적인 분이었다. 글을 쓰는 필자가 어려워하지 않게 회장님은 항상 배려를 해주셨다.

또한, 함께 참여한 교수님도 많은 조언을 해주셨다. 그렇기에 글을 쓰면서 글쓰기에 대해 필자가 몰랐던 부분도 많이 배울 수 있었다. 그리고 우리 팀인 박 대표도 분위기 메이커였다. 녹취한 내용을 초고로 정리해 많은 도움을 주었다.

회장님은 한두 달에 한 번쯤은 직접 회식을 제안하셨다.

"다들 수고가 많으니 맛있는 거 먹자고."

그렇게 우리는 횟집에 가기도 하고, 때로는 평소 서민인 필자가 가보기 힘든 호텔 레스토랑에도 갔다. 그 자리에서는 늘 웃음이 많았고, 회장님은 자신의 지난 시절을 유쾌하게 들려주셨다.

자서전을 쓰던 중, 필자의 어머니께서 돌아가셨다. 그 소식을 들은 회장님은 직접 조의를 표하기도 했다. 그때 깨달았다. 그분은 단순히 성공한 기업인이 아니라, 사람의 마음을 품을 줄 아는 따뜻한 분이라는 것을.

1년의 작업 끝에 원고가 완성되었고, 우리는 국내의 한 유명 출판사와 계약을 맺었다. 그런데 회장님은 뜻밖의 제안을 하셨다.

"이번 프로젝트 수고 많았네. 계약에 없는 보너스라도 챙겨야지."

그렇게 우리는 계약금 외에 몇백만 원의 보너스를 추가로 받았다. 그 마음이 단순한 금전 이상의 의미로 다가왔다. 그건 "당신들의 수고를 진심으로 인정한다"라는 신뢰의 표현이었다.

책이 출간된 날, 자서전 팀이 모두 모여 저녁 식사를 하며 조촐한 출판기념회를 하기도 했다. 작업의 긴 여정을 마무리하며 노고를 격려해 주었다. 책의 반응은 아주 좋았고 모두가 만족한 결과로 이어졌다.

얼마의 시간이 흐른 후 회장님 비서에게서 연락이 왔다. 회장님이 식사를 같이하자는 내용이었다. 식사 자리에서 회장님은 새로운 제안을 하셨다.

"내가 늘 생각해 왔는데, 경영이란 게 단지 회사 운영만은 아닌 것 같네. 경영 철학이 결국 삶에도 적용되는 것 같아. 기업 경영 철학을 삶에도 적용하면 많은 사람에게 도움이 될 것 같아. 내가 걸어온 길을 통해 깨달은 생각들을 책으로 남기고 싶어."

그렇게 회장님, 교수님, 박 대표, 그리고 필자가 다시 한 팀이 되어 두 번째 프로젝트를 시작했다. 이번에는 기업의 성장사가 아닌, 회장님의 내면과 경영 철학을 중심으로 한 책이었다. 수많은 대화를 통해 회장님의 경영 철학을 삶에도 적용할 수 있는 삶의 이정표를 책으로 만들었다.

그렇게 완성된 두 번째 책은 기업가로서의 철학과 인생관을 집약한, 깊이 있는 경영서로 세상에 나왔다.

그 경험은 필자에게 매우 큰 배움이었다. 두 권의 책을 쓰면서 가장 기억에 남는 일은 회장님의 사회공헌이다. 회장님은 돈을 벌 줄도 아셨지만 값지게 쓰실 줄도 알았다.

"돈을 버는 것은 기술이고, 돈을 쓰는 것은 예술이다."

그 말이 필자의 뇌리에 깊이 남아 있다.

회장님과의 인연은 지금도 이어지고 있다. 가끔 회장님은 비서를 시켜

식사 자리를 만들곤 하신다.

회장님의 자서전을 쓰는 일은 단순히 '글로 생계를 이어간 일'만이 아니었다. 그것은 한 사람의 삶을 기록하면서 동시에 필자를 성장시킨 배움의 과정이었다.

그리고 이제 세 번째 책에 대해 논의하고 있다.

이 글을 빌어 회장님과 교수님 박 대표에게 다시 한번 감사의 인사를 전한다.

"함께해 주셔서 진심으로 감사합니다."

정치인
자서전 쓰기

'이야기 끓이는 주전자(이끓주)'에서 책쓰기와 글쓰기 모임을 이어가던 어느 날, 한 지인으로부터 특별한 제안을 받았다. 울주군수 출마 후보자의 개인 자서전을 써달라는 의뢰였다. 순간 망설임이 스쳤지만, 곧바로 "하겠습니다"라고 답했다. 이미 울산 중구민을 대상으로 한 자서전 쓰기 프로젝트를 성공적으로 진행한 경험이 있었고, 이끓주에서 글쓰기 수업을 하며 쌓은 노하우도 있었기에 두려움보다 자신감이 앞섰다.

그렇게 시작된 이 프로젝트는 나에게는 첫 정치인 자서전 작업이었다. 이때 처음으로 이끓주의 박 대표와 본격적인 협업을 시작했다. 우리는 후보자를 만나 인터뷰를 진행하며 주요 대화는 빠짐없이 녹취하고 메모했다. 질문은 단순히 '무엇을 했는가'보다 '왜 그렇게 했는가'에 초점을 맞췄다. 그의 정치 철학, 인간적인 신념, 그리고 지역을 바라보는 비전이 자연스럽게 드러나도록 유도했다.

정치인 자서전은 일반인의 자서전과는 구조부터 다르다. 개인의 일생을 중심으로 하는 일반 자서전이 어린 시절, 성장기, 가족사, 인생의 굴곡을 중심으로 '사람의 이야기'를 담는다면, 정치인 자서전은 그 인생의 궤적 위에 '공적 서사'를 덧입히는 작업이다. 독자는 그 사람의 인생 전체보다도, 그가 정치라는 공적 영역에서 무엇을 해왔는가, 그리고 앞으로 어떤 비전을 가지고 있는가에 더 큰 관심을 갖는다.

따라서 정치인 자서전은 단순한 회고록이 아니다. '정치적 철학과 비전, 그리고 정책적 방향성을 스토리텔링 형식으로 풀어내는 일종의 정치 메시지 북(Political Message Book)'에 가깝다. 한마디로 말해, 정치인의 인간적인 면과 청치가로서의 철학을 동시에 보여주는 책이다.

이 작업은 후보자 본인뿐 아니라, 그의 오랜 친구, 나, 그리고 박 대표 이렇게 네 사람이 약 100일 동안 한 팀처럼 움직이며 진행했다. 매주 만나 인터뷰를 하고, 주요 에피소드와 발언을 정리한 뒤, 이를 기반으로 초고를 완성했다. 초고를 후보자에게 전달하면, 그는 직접 수정 의견을 내고 추가 자료를 건넸다. 그렇게 여러 차례 퇴고를 거듭하며 문장은 다듬어지고, 내용은 더욱 탄탄해졌다.

책이 완성될 무렵, 후보자와의 관계는 단순한 '작가와 의뢰인'의 관계를 넘어 깊은 신뢰와 우정으로 발전했다. 때로는 인터뷰를 마친 후 함께 식사하며 지역 문제에 대해 논의했고, 그 과정에서 정치의 본질이 무엇인지, 리더란 어떤 자세로 살아야 하는지를 새삼 깨닫기도 했다.

자서전 대필을 하여 책이 출간되었고 그 책으로 고객은 성대한 출판기념회를 했다. 그 이후로도 많은 정치인의 자서전을 대필해 주는 일을 했다.

울산 시의원 L

전 울주군수 LS

전 남구의원 P

전 울산동구청장 K

전 울산 구의원 KJ

전 울산 시의원 J

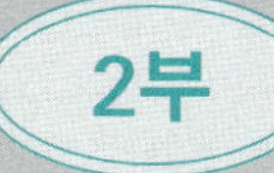

책쓰기가
삶의 길을 만든다

‖ 박미향 ‖

1장

명확한
콘셉트로
기획 출간하라

글은 못 써도
책은 낼 수 있다

아는 지인의 소개로 한 남성이 필자를 찾아왔다. 그는 60대 중반의 나이로, ○○회사에서 정년퇴임한 뒤 데일 카네기 과정의 강사로 활동했던 경험을 가진 사람이었다. 첫인상부터 단정하고 진지한 인물이었으며, 오랜 세월 조직에서 사람을 이끌어 온 리더의 기품이 느껴졌다.

그는 조심스럽게 자신의 뜻을 전했다.

"카네기의 7가지 가치를 제 삶과 연관 지어 책으로 내고 싶습니다."

그의 말에는 확신이 담겨 있었다. 나는 고개를 끄덕이며 말했다.

"좋습니다. 그 주제로 컨셉을 잡고 시작해 봅시다."

그렇게 책쓰기가 시작되었다. 초반에는 열정이 대단했다. 오랜 시간 강의 현장에서 다져온 언변과 철학이 있었기에, 그의 이야기는 생생했고 내용도 풍부했다. 그러나 몇 주가 지나자 글의 진도가 조금씩 느려지기 시작했다. 매번 만날 때마다 원고의 분량이 기대보다 늘지 않았고, 그는 점점 지쳐 보였다. 이유를 물어보니 뜻밖의 대답이 돌아왔다.

"제가 컴퓨터에 약해서요. 한 글자 한 글자 독수리 타법으로 치다 보니 너무 힘이 듭니다."

그는 말보다 글이 훨씬 느린 사람이었다. 아이디어는 머릿속에 가득했지만, 키보드 앞에 앉는 순간 생각의 흐름이 막혀버리는 것이었다. 글쓰기의 열정은 있었지만, 기술적인 한계가 그를 지치게 했다. 결국 그는 잠시 원고 작성을 중단했다.

그로부터 시간이 조금 흘렀다. 나는 그를 다시 떠올리며 새로운 방법을 고민했다. 그의 주제는 분명했고, 이야기할 내용도 충분했다. 문제는 '글쓰기 방식'이었다. 그래서 그에게 제안했다.

"선생님, 직접 쓰시기 어려우시다면 말씀으로 해보세요. 제가 옆에서 듣고 정리하겠습니다."

그렇게 둘만의 새로운 방식이 시작되었다. 나는 노트북을 앞에 두고, 그는 이야기를 시작했다. 카네기의 가르침을 어떻게 삶에 적용했는지, 강사로서 어떤 경험을 했는지, 그리고 인생의 굴곡 속에서 어떤 깨달음을 얻었는지를 차분히 들려주었다. 그 이야기를 그대로 받아 적으며 문장으로 옮겼다.

며칠 뒤, 좀 더 효율적인 방법을 찾던 중 '말을 하면 자동으로 텍스트로 변환되는 프로그램'이 있다는 사실을 알게 되었다. 그 기능을 활용하자 그의 말이 곧바로 문장으로 변환되었다. 하지만 말의 언어와 글의 언어는 다르다. 구어체에는 생동감이 있지만, 그대로 책에 담기에는 문맥이 거칠다. 나가 그의 말속에서 의미를 정리하고 문체를 다듬었다. 그렇게 그의 목소리를 잃지 않으면서도 문어체로 자연스럽게 바꾸어 나갔다.

그 결과는 놀라웠다. 몇 달째 멈춰 있던 원고가 눈에 띄게 진전되기 시작했다. 매주 한 번씩 녹음 파일을 듣고 다듬는 작업을 반복하자, 어느새 한 권의 책이 형태를 갖추었다. 그렇게 시작된 두 번째 시도는 처음과 달리 빠르게 흘러갔다. 불과 두 달이 채 지나지 않아, 책은 완성되었다.

그는 원고가 완성되던 날, 밝은 표정을 지었다.

"이렇게 빨리 책이 완성될 줄은 몰랐어요. 결국 포기하지 않으니 길이 있었네요."

나는 미소를 지었다.

"그렇습니다. 쓰는 방법은 사람마다 다릅니다. 중요한 건 멈추지 않는 것입니다."

완성된 원고를 출판사에 투고했고 기획 출간에 성공했다. 그리고 그 책은 3쇄를 찍고 난 후 지금도 판매가 되고 있다.

그의 사례는 한 가지를 분명히 보여준다. 책을 쓴다는 것은 글쓰기의 기술보다 '이야기를 전하고자 하는 의지'에서 출발한다는 점이다. 손이 느리면 입으로 말하면 되고, 말이 많으면 그중 진심을 골라내면 된다. 방식은 달라도, 진심은 언제나 독자에게 닿는다.

그는 그렇게 자신의 이야기를, 자신의 언어로 세상에 남겼다. 그 책은 단지 한 사람의 인생 기록이 아니라, 평생 배워온 가치와 철학이 한 권의 책으로 응축된 결과였다.

그렇기에 나는 이렇게 말하고 싶다.

"글을 쓰지 못하더라도 책을 내려는 의지만 있으면 책은 낼 수 있다."

콘셉트가 명확하면,
기획 출간이 가능하다

자서전은 기획 출간이 어렵다. POD나 자비 출간이 대부분이다. 세상 사람들은 바쁜 일상에서 자신과 관계가 없는 사람의 인생이 궁금하지 않기에 독자를 확보하기가 쉽지 않다. 출판사에서도 유명한 사람이 아니면, 출간해 주기를 꺼린다. 하지만 콘셉트가 있는 것은 내용만 좋으면 초보 작가의 책이라도 출간을 해준다. '컨셉 출간'은 기획 출간의 성격을 나타내는 것이라 할 수 있다.

컨셉 출간의 의미

컨셉 출간은 작가가 자기 생각을 일방적으로 전달하는 것이 아니라, 독자가 공감하고 필요로 하는 주제를 중심으로 기획하는 출간 방식이다. 이는 단순히 글을 쓰는 행위에서 한 단계 발전하여 '기획된 콘텐츠 생산'으로 나아가는 과정이라 할 수 있다.

첫째, 컨셉 출간은 독자 중심의 책을 만든다는 점에서 의미가 크다. 작가의 개인적 경험이나 감정을 중심으로 한 서술이 아니라, 독자가 공감하고 도움을 받을 수 있는 관점으로 이야기를 재구성하는 것이다. 예를 들어, '세계여행기'라는 흔한 주제라도 '퇴사 후 365일, 세계 낯선 도시에서 다시 나를 찾은 기록'처럼 명확한 콘셉트를 부여하면 그 자체로 차별화된 책이 된다.

둘째, 컨셉 출간은 명확한 방향성과 일관성을 유지할 수 있게 한다. 책의 목적이 뚜렷하므로, 글이 군더더기 없이 핵심 주제에 집중하게 된다. 이는 독자에게도 신뢰를 주는 요소이다.

셋째, 컨셉 출간은 작가 개인의 브랜드를 강화하는 방법이기도 하다. 단순한 수필집이나 경험담이 아니라, 특정 컨셉을 바탕으로 기획된 책은 저자를 하나의 콘텐츠 생산자이자 브랜드로 인식하게 만든다.

컨셉 출간은 작가의 경험과 세상의 필요가 만나는 지점에서 탄생하는 책이며, 단순한 기록이 아닌 '독자가 사서 읽고 싶은 책'을 만드는 과정이다.

컨셉을 어떻게 잡을 것인가

책을 쓰기로 마음먹었다면, 가장 먼저 해야 할 일은 컨셉을 정하는 것이다. 컨셉이란 한 권의 책을 관통하는 주제이자 방향이며, 독자에게 전달하고자 하는 핵심 메시지를 말한다. 컨셉이 명확하면 글의 구조가 흔들리지 않고, 반대로 컨셉이 불분명하면 글의 방향이 쉽게 흩어진다.

컨셉을 잡는 방법은 두 가지로 나눌 수 있다. 하나는 이미 자신이 내고 싶은 컨셉이 명확한 경우, 다른 하나는 아직 무엇을 쓸지 정하지 못한 경우이다.

먼저, 자신이 내고 싶은 컨셉이 분명하다면 이야기는 간단하다. 이미 마음속에 하고 싶은 이야기와 주제가 있다면, 그 방향으로 글을 써나가면 된다. 예를 들어, "직장생활 10년을 돌아보며 얻은 깨달음"이라든가 "혼자 떠난 여행에서 배운 인생의 기술"처럼 명확한 주제가 있다면 그것이 곧 책의 컨셉이 된다. 이 경우에는 그 주제를 구체화하고 체계적으로 확장하는 과정이 필요하다. 즉, 하나의 생각을 여러 각도에서 깊이 있게 다듬어 가는 것이다.

자신의 특별한 경험이나 직업에 관한 것이 컨셉이 되는 경우가 많다. 보험이나 간호사, 간병인, 변호사, 방송인 등 직업과 연결된 자신의 경험은 좋은 컨셉이 되는 것이다. 이 책도 글쓰기도 돈이 된다는 컨셉으로 쓰고 있다.

반면, 쓰고 싶은 컨셉이 아직 뚜렷하지 않으면 조금 다른 접근이 필요하다. 이럴 때는 자신이 가장 잘 아는 분야를 중심으로 생각해 보는 것이 좋다. 누구나 자신만이 경험하고 이해한 세계가 있다. 그것이 직업일 수도 있고, 취미일 수도 있으며, 혹은 오랜 시간 반복해 온 일상 속의 한 장면일 수도 있다.

하지만 중요한 것은 '내가 잘 아는 것'만으로는 부족하다는 점이다. 독자가 관심을 가질 만한 분야와 맞닿아야 한다. 즉, 나의 경험과 세상의 관심이 만나는 지점을 찾아야 한다. 그것이 바로 성공적인 컨셉의 출발점이다.

예를 들어, 요리사가 자신의 경력을 바탕으로 책을 쓰려 한다면 단순히

'요리 레시피'보다는 '요리하며 배우는 삶의 태도'나 '음식에 담긴 사람 이야기'로 확장할 수 있다. 또, 직장인이 자신의 업무 경험을 바탕으로 글을 쓴다면 '회사에서 살아남는 기술'이나 '퇴사 후에도 통하는 일의 철학'으로 발전시킬 수 있다.

이처럼 좋은 컨셉은 나의 전문성과 독자의 공감대가 만나는 지점에서 태어난다. 그 접점을 찾는 가장 쉬운 방법은 스스로에게 세 가지 질문을 던져보는 것이다.

나는 어떤 경험이나 분야를 남보다 깊이 알고 있는가?
그 경험이 다른 사람들에게 어떤 도움이 될 수 있는가?
그 이야기를 지금 세상은 얼마나 필요로 하고 있는가?

이 질문에 대한 답을 구체적으로 정리하다 보면, 자연스럽게 자신만의 컨셉이 드러난다. 컨셉은 처음부터 완벽할 필요가 없다. 오히려 글을 쓰는 과정에서 조금씩 다듬어지고 구체화된다. 중요한 것은 '무엇을 쓸까?'보다 '왜 쓰는가?'를 먼저 생각하는 것이다. 목적이 분명해지면 주제는 자연히 좁혀지고, 주제가 좁혀지면 컨셉은 선명해진다.

결국 컨셉을 잡는다는 것은 '나의 경험을 세상과 연결하는 일'이다. 나의 이야기가 독자의 마음속에서 울림을 가지려면, 그 이야기에 공감의 문을 열 수 있는 컨셉이 필요하다. 그리고 그 문을 여는 첫 손잡이는 언제나 '나 자신이 가장 잘 아는 것'에서 시작된다.

좋은 컨셉이 있다면 초보작가라도 기획 출간이 가능하다

어느 날 20대 후반의 한 여성이 내게 찾아왔다. 그녀의 얼굴에는 약간의 긴장감과 설렘이 묘하게 섞여 있었다. 조심스레 꺼낸 첫마디는 이랬다.

"제 이름으로 된 책을 내고 싶어요."

나는 미소를 지으며 물었다.

"어떤 책을 내고 싶은가요?"

그녀는 잠시 머뭇거리더니 고개를 저었다.

"잘 모르겠어요. 그냥 제 이름으로 된 책 한 권을 내고 싶다는 생각만 들어서요."

그 대답을 들으며, 그녀가 아직 책의 주제나 방향을 구체적으로 정하지 못했음을 알았다. 그래서 출간하는 여러 방식을 설명해 주었다. 책을 내는 방법에는 크게 기획 출간과 자비 출간이 있다고. 기획 출간은 컨셉을 쓰는 방식이며 출간에 필요한 모든 비용과 출간 후 홍보까지 해주는 방식이고, 자비 출간은 작가가 모든 비용을 부담하여 출간하는 방식이라는 것을 자세하게 설명해 주었다. 그녀는 자비 출간은 현실적으로 어렵다고 했다. 돈이 많이 든다는 이유였다. 하지만 주제도 정하지 못하고 자비 출간도 어렵다고 하니, 어디서부터 시작해야 할지 막막한 상황이었다.

그래서 그녀에게 조언했다.

"무엇을 쓸지 모르겠다면, 우선 써보세요. 어떤 글이라도 괜찮습니다. 생각나는 대로 자유롭게 써보세요."

그렇게 그녀에게 일주일에 한 번씩 노트북을 가지고 오라고 했다. 매주 한 번씩 만나서, 그녀가 쓴 글을 함께 읽고 이야기했다. 처음에는 짧은 단상, 일기 같은 글이 대부분이었지만, 시간이 지날수록 문장에는 생기가 돌기 시작했다. 그렇게 몇 주가 지나자 어느덧 A4 용지 10장 분량의 글이 쌓였다.

그 글들을 읽어보니 흥미로운 점이 눈에 띄었다. 글의 많은 분량을 차지하는 것이 '공무원 학원'과 관련된 이야기였다. 상담실에서 겪은 일, 수험생들과의 대화, 솔로 천국 연애 지옥과 같은 실제로 공무원 학원에서 일어난 일, 직렬별 중요 사항, 합격자들의 사연 등 현실감 있는 내용이 많았다. 알고 보니 그녀는 공무원 학원의 상담 실장으로 일하고 있었다. 당시만 해도 공무원 시험은 '취업의 정점'으로 불릴 만큼 경쟁이 치열한 시기였다. 그녀는 수많은 수험생을 매일 마주하며, 그들의 고민과 눈물, 그리고 합격의 순간까지 생생히 지켜본 사람이었다.

그녀와 협의하여 즉시 방향을 잡았다.

"좋아요. 그럼 책의 컨셉은 '공무원 시험'으로 합시다. 타깃 독자는 공무원 시험을 준비하는 사람들로 하죠."

이렇게 책의 방향이 명확해지자 글쓰기는 훨씬 수월해졌다. 그녀는 자신이 매일 겪는 현장의 이야기를 진솔하게 풀어냈다. 공무원 학원이라는 좁은 공간 안에서 벌어지는 수많은 인간 군상의 이야기가 담기기 시작했다. 그리고 공무원 시험을 준비하는 사람들에게 실질적으로 도움이 될 이야기가 쏟아졌다.

글을 쓰기 시작한 지 3개월 만에 그녀는 초고를 완성했다. 글쓰기가 처음이었기에 나는 문법이나 형식을 지나치게 신경 쓰지 말라고 했다. 대신 자신의 목소리로 솔직하게 쓰라고 했다. 그녀는 그 말을 충실히 따랐다. 글은 거칠었지만, 진심이 담겨 있었고, 그 진심이 문장 사이에서 살아 움직였다.

완성된 원고를 다듬어 출판사에 투고했고 기획 출간 계약에 성공했다. 몇 차례의 수정 과정을 거친 끝에, 마침내 그녀는 자신의 이름이 선명히 찍힌 책 한 권을 손에 들었다.

그녀의 눈빛에는 말로 다 할 수 없는 감격이 서려 있었다. 처음엔 단지 '내 이름으로 된 책을 내고 싶다'라는 막연한 바람이었지만, 결국 그 바람은 현실이 되었다.

그녀의 사례는 한 가지 사실을 분명히 보여준다. 책은 분명한 컨셉을 가지고 쓰기도 하지만, 마음속의 작고 불분명한 열망도 일단 쓰기 시작하면 컨셉이 보인다는 것이다. 중요한 것은 처음부터 뚜렷한 주제가 아니라, '쓰고자 하는 마음'이다. 글은 써야 보이고, 써야 길이 열린다. 그녀는 그 사실을 몸소 증명해 보였다.

비트코인으로
인생을 바꾼 청년
그리고 책

책쓰기 컨설팅을 하던 초기, '나는 작가다'라는 이름의 그룹별 책쓰기 프로그램을 운영하고 있었다. 한 기수에 6~7명 정도가 참여했고, 서로의 글을 읽고 피드백을 주며 함께 성장하는 형태였다. 그 프로그램은 총 7기까지 이어졌는데, 놀랍게도 대부분 참여자가 실제로 책을 출간했다.

그중에서도 특히 기억에 남는 한 사람이 있다. 비트코인을 주제로 책을 쓴 한 청년 작가였다. 그는 서울에서 사업을 시도했다가 실패한 뒤, 모든 것을 정리하고 고향인 울산으로 내려온 상태였다. 가진 돈도 많지 않았고, 마음의 여유도 거의 없었다.

"비트코인으로 인생을 바꾼 제 이야기를 써보고 싶어요."

나를 찾아와 처음으로 한 말이다. 그의 말은 허황하게 들리지 않았다. 실제로 그는 버스를 타지도 않고 걸어 다니며 푼돈을 아껴 150만 원의 자금으로 비트코인 투자를 시작했다. 책을 쓰기 시작할 무렵에는 이미 1억 원을 벌어 있었다.

나는 그 자리에서 바로 말했다.

"좋아요. 그럼 책의 컨셉을 '비트코인으로 1억 벌기'로 정합시다."

이렇게 주제가 정해지자 방향이 분명해졌다.

그는 사업을 하다 빚을 진 이야기부터 투자 초보 시절 겪은 시행착오, 돈에 대한 두려움, 그리고 투자자로서의 성장 과정을 솔직하게 써 내려갔다. 원고는 단순한 투자 지침서가 아니었다. 청년의 인생 이야기이자 실패를 극복한 인간의 성장 서사였다.

책의 목차는 그의 인생 순서대로 짜였다.

첫 번째 파트에는 "내 인생의 롤모델이자 경쟁자였던 첫사랑", "빚이 빚을 낳았던 시절", "그래도 난 하고 싶은 일을 한다"와 같은 개인적 이야기가 담겼다. 돈 때문에 무너졌던 현실, 하지만 다시 일어나려는 청춘의 몸부림이 있었다.

두 번째 파트에서는 투자에 대한 준비 과정을 다루었다.

"내 월급으로 1억을 모으려면 얼마나 걸릴까?", "1억 버킷리스트 작성하기", "술값 절약에 용감해지자" 등 현실적인 재테크 고민을 솔직하게 풀었다. 그는 자신이 어떻게 생활비를 줄이고, 그 적은 돈을 종잣돈으로 만들었는지를 구체적으로 보여주었다.

세 번째 파트는 본격적인 투자 이야기였다.

"비트코인은 화폐가 될 수 있을까?", "내 코인은 언제 사고 언제 팔아야
할까?", "빚내서 투자해도 될까?" 같은 질문들이 이어졌다. 책의 내용은 단
순히 비트코인 투자법이 아니라, 투자자의 태도와 사고방식이 얼마나 중요
한지를 말했다. 그는 "3년 이상 들고 가지 않으려면 코인에 투자하지 말라"
는 말로 단기적 욕심을 경계했다.

마지막 파트는 그가 투자에 성공하고 인생을 되찾은 이야기였다.

처음 나를 찾아올 때만 하더라도 1억을 벌었다고 했는데, 글을 쓰는 동안
"9개월 만에 10억을 벌었다"라는 문장이 나왔다. 그 말속에는 절제와 학습,
그리고 멘탈 관리의 노력이 숨어 있었다. 그는 투자로 번 돈으로 빚을 모두
갚았고, 마침내 자신을 짓누르던 과거의 불안에서 벗어났다. 책의 마지막
에는 "나는 멈추지 않는다. 실패해도 다시 일어나는 오뚝이처럼 살아간다"
라는 문장이 있었다. 그것은 단순한 다짐이 아니라, 그가 직접 증명해낸 삶
의 태도였다.

책이 출간된 이후 그의 삶에는 놀라운 변화가 일어났다. 비트코인은 계
속 상승세를 이어갔고, 그의 자산은 1억에서 25억까지 불어났다.

그는 방송 '무엇이든 물어보살'에 출연하며 자신의 이야기를 전하기도 했
다. 그의 책은 단순한 성공담이 아니라 '절망에서 다시 시작한 한 청년의
도전기'였다. 그리고 그 과정은 나에게도 큰 깨달음을 주었다.

책을 쓰는 일은 결국 자기 확신을 세우는 과정이다. 글은 단지 활자가 아니라, 한 사람의 믿음이 세상과 만나는 형태이기 때문이다.

그 작가는 이후에도 두 권의 책을 더 출간하였다. 첫 책을 내고 나서 공유자 100만 명이 되는 유명한 유튜버 회사와 연결이 되었고, 그 회사에 소속되어 지금도 활발하게 활동하고 있다. 요즈음 가상화폐가 이슈이다. 책을 출간한 것이 인연이 되어, 간혹 내가 운영하는 커뮤니티에 그를 초대하여 비트코인에 대해 강의를 요청하기도 하는데, 그는 기꺼이 와서 강연해 주기도 한다.

전문가의
책쓰기 컨설팅

심리학 전문가 책

나는 다양한 전문가들의 책을 코칭해 왔다. 처음에는 '전문지식이 없는 내가 과연 각 분야의 전문가 책을 코칭할 수 있을까?' 하는 의문이 들기도 했다. 그러나 나는 특정 분야의 전문가는 아니지만, 책쓰기 자체를 구조화하고 스토리로 엮어내는 전문가, 즉 책쓰기 컨설턴터이다. 책의 주제나 내용보다 더 근본적인 것은 독자가 어떻게 몰입하고 이해할 수 있도록 구성하느냐에 달려 있다. 그래서 어떤 주제든 저자의 지식을 독자가 공감할 수 있는 언어로 풀어내는 것이 나의 역할이었다.

그중에서도 기억에 남는 프로젝트가 있다. 어느 날 심리학 박사이자 모 대학교 교수님이 나를 찾아왔다. 그분은 에릭슨의 발달단계 이론을 자신의 삶과 상담 경험에 녹여 책을 내고 싶다고 했다. 처음 상담 자리에서부터 교수님은 "에릭슨 이론은 인간의 전 생애를 통찰하게 해주는 학문인데, 시판되고 있는 책들은 너무 학문적으로만 다루어져서 일반 독자들이 접근하기 어렵다"라고 말했다. 나는 그 말에 공감하며, '전문 이론을 생활 언어로 번역해 내는 작업'을 코칭의 핵심 목표로 삼았다. 그리고 심리학에 대해 문외한인 내가 이해할 수 있으면 일반 독자도 이해할 수 있을 거라고 말했다.

가장 먼저 한 일은 책의 큰 뼈대를 세우는 것이었다. 나는 교수님과 함께 에릭슨의 여덟 가지 발달단계를 중심축으로 잡고, 각 단계가 현대인의 삶에서 어떻게 반복적으로 나타나는지를 연결하기로 했다. 학문적 설명만으로는 건조할 수 있었기에, 나는 단계마다 실제 상담 사례나 저자의 개인적 경험을 삽입하도록 유도했다. 예를 들어 '청소년기의 자아 정체감 대 역할 혼미' 부분에서는 교수님 자신의 학창 시절 경험을, '성인기의 친밀감 대 고립'에서는 상담실에서 만난 한 중년 부부의 이야기를 풀어냈다. 이렇게 하여 독자들이 이론이 아닌 이야기를 통해 이해하도록 구성했다.

다음 단계는 문체와 톤 조율이었다. 교수님의 원고 초안은 논문처럼 딱딱한 문체로 되어 있었다. 나는 이를 독자 친화적인 문장으로 다듬기 위해 문장을 짧게 나누고, 학술 용어 대신 일상 언어로 풀어냈다. 예를 들어 '발달 과업의 미완은 자아 통합의 지연으로 이어진다'라는 문장은 '한 시기의 마음을 충분히 돌보지 못하면, 다음 시기의 삶에서 같은 문제가 반복된다'로 바꾸었다. 그렇게 함으로써 전문성을 유지하면서도 따뜻하고 공감 가는 책의 톤을 완성했다. 저자의 연구 경력보다도, 인간의 마음을 이해하고 싶었던 개인적 여정을 중심으로 서술하도록 조언했다.

이렇게 코칭 과정을 거쳐 에릭슨의 발달이론을 일반 독자들이 쉽게 이해하고, 자신의 삶에 적용할 수 있도록 한 심리 인문서로 완성되었다. 나는 이 책을 통해 한 저자의 학문적 생각이 일상의 언어로 재탄생되는 과정을 함께 경험했다. 그것이 바로 책쓰기 컨설팅의 본질이자, 내가 가장 보람을 느끼는 순간이었다.

명리학 전문가 책

나는 여러 전문가의 책을 코칭해 왔지만, 그중에는 개인적으로 잘 알지 못하거나 신뢰하지 않던 분야도 있었다. 명리학책의 경우가 바로 그랬다. 솔직히 말해 나는 한문에도 약하고, 명리학에 대해서도 크게 믿지 않는 편이었다. 하지만 책쓰기 컨설턴터로서 중요한 것은 특정 학문에 대한 신념이 아니라, 저자가 가진 깊은 지식을 독자가 공감할 수 있는 언어로 풀어내는 능력이었다.

나를 찾아온 명리학자는 오랜 기간 명리학을 연구하고 강의해온 전문가였다. 그가 처음 찾아와 한 말은 인상적이었다.

"명리학은 운명을 점치는 학문이 아닙니다. 인간의 성향과 관계, 그리고 삶의 패턴을 이해하는 지혜의 학문입니다."

그 말에서 나는 가능성을 보았다. 그래서 '명리학을 미신이나 운세의 틀에서 벗어나, 인간의 삶을 성찰하는 철학으로 풀어내는 책'을 함께 만들어 보기로 했다. 그의 말에 따르면 명리학은 인생의 내비게이션 역할을 한다는 것이다.

첫 번째 단계는 책의 구조를 설계하는 일이었다. 그는 방대한 명리학 이론을 체계적으로 정리해두었지만, 일반 독자가 읽기에는 다소 난해했다. 나는 그 내용을 일상적 언어와 사례 중심의 구성으로 바꾸는 방향을 제안했다. 또한, 내가 읽고 이해할 수 있을 정도의 난이도로 책을 풀어 쓸 것을 말했다. 그래야 일반 독자도 이해할 것이라며. 예를 들어 '사주는 하늘과 땅의 기운이 만나는 시점의 기록이다.'라는 학문적 표현 대신, '사주는 내가 태어난 시간과 공간의 흔적, 나만의 기운이 담긴 지문'이라는 식으로 풀었다. 그렇게 함으로써 독자가 어렵게 느끼는 용어 대신 이미 알고 있는 감각적 언어로 접근할 수 있도록 했다.

두 번째는 문체의 톤 조율과 주제의 확장이었다. 명리학 박사의 초고는 논문처럼 설명이 길고, 한자와 전문 용어가 많이 등장했다. 나는 각 장의 내용을 '삶에 적용되는 지혜'라는 틀로 재구성하면서 문장을 짧고 부드럽게 다듬었다. "음양의 조화가 깨지면 인생이 불균형해진다"라는 문장은 "삶이 막히고 답답할 때, 그건 내 안의 균형이 흔들리고 있다는 신호다"로 바꾸었다. 이렇게 문장을 수정하면서 책은 철학서이자 인생 에세이의 결을 갖추기 시작했다.

명리학을 어렵고 신비한 학문이 아닌, 삶의 길 위에서 지혜를 찾아가는 산책 같은 여정으로 책을 쓴 것이다.

이 책을 코칭하며 나는 스스로에게도 뜻밖의 깨달음을 얻었다. 처음에는 믿지 않았던 명리학이지만, 그의 시선을 통해 그것이 결국 인간의 삶의 관계에서, 선택의 패턴을 탐구하는 철학적 언어라는 사실을 알게 되었다. 그리고 그 과정에서 다시 한번 확신했다. 책쓰기 컨설턴터의 역할은 특정 분야의 지식을 판단하는 것이 아니라, 그 지식이 저자와 독자에게 닿을 수 있는 다리를 놓는 일이라는 것을.

이외에도 많은 전문가의 책쓰기 컨설팅을 하여 출간하였다.

반기획 출간

작가가 일부 출판 경비 부담

반기획 출간(半企劃 出刊)은 말 그대로 '기획 출간'과 '자비 출간'의 중간 단계에 있는 출판 형태를 말한다. 일반적인 기획 출간이 출판사 주도로 진행되는 반면, 반기획 출간은 저자의 아이디어나 의도가 일정 부분 반영된 원고를 중심으로 출판사와 공동으로 완성도를 높여 나가는 협업형 출간 방식이다.

보통 저자가 이미 어느 정도 작성된 원고나 구체적인 주제를 가지고 출판사에 제안하면, 출판사는 이를 검토하여 시장성, 독자층, 콘셉트, 구성 방향 등을 함께 보완한다. 즉, 저자의 창작 의도에 출판사의 기획력과 편집 노하우가 더해지는 형태라 할 수 있다.

이 과정에서 출판사는 원고의 흐름을 다듬고, 제목과 목차를 새롭게 구성하며, 전체 컨셉을 시장에 맞게 조정한다. 표지 디자인과 책의 외형 또한 판매 가능성을 고려하여 세련되게 완성된다. 반면 저자는 자신의 핵심 주제와 표현 의도를 유지하면서, 출판사의 전문적인 편집 감각과 마케팅 방향을 통해 책의 완성도를 한층 끌어올릴 수 있다.

비용 면에서도 반기획 출간은 순수 기획 출간과 자비 출간의 중간 형태를 띤다. 일부 편집이나 디자인 비용을 저자가 일정 부분 분담하는 조건이 붙는다. 예를 들어, 저자가 300권 정도의 책을 정가의 70% 수준에서 선구매하는 형태가 대표적이다. 책의 정가가 20,000원이라면, 저자는 권당 14,000원에 구입할 수 있으며, 이를 출판기념회나 지인 판매용으로 활용할 수 있다.

인세 구조는 일반 기획 출간과 유사하게 판매 정가의 약 10% 내외로 설정된다. 다만, 저자가 일정량의 책을 인수하기 때문에 실질적인 수익 배분 구조는 협의에 따라 다소 달라질 수 있다. 출판 계약 기간은 보통 3~5년이며, 계약 종료 후에는 저자가 출판권을 회수하거나 재계약을 진행할 수 있다.

출간 일정은 원고가 이미 완성된 경우 약 2~3개월이면 출판까지 가능하다. 이 기간에 출판사는 교정·교열, 표지 시안 확정, ISBN 등록, 인쇄 및 유통 절차를 차례로 진행한다.

무엇보다 반기획 출간의 가장 큰 장점은, 저자가 일정 부분 비용을 분담함으로써 출판 과정에 대한 발언권이 강화된다는 점이다. 표지 디자인, 제목, 홍보 방식 등에서 작가가 원하는 방향을 제시하고 반영할 수 있으며, 이는 초보 작가에게 특히 매력적인 조건이다.

반기획 출간 도서 역시 기획 출간 도서와 같은 유통망을 통해 온·오프라인 서점에 진열되고 판매된다. 출판 과정에서 출판사가 직접 ISBN(국제표준도서번호)을 등록하고, 주요 서점 및 도서 유통사와의 정식 계약을 거치기 때문이다.

따라서 반기획 출간 도서는 일반 독자가 보기에는 기획 출간 도서와 아무런 차이가 없다. 교보문고, 예스24, 알라딘, 인터파크 도서 등 주요 온라인 서점에서 검색하면 도서 표지, 소개, 목차, 저자 정보 등이 같은 형식으로 노출된다. 또한 오프라인 서점에서도 신간 코너, 분야별 서가, 베스트셀러 구역 등 출판사의 전략적 배치에 따라 진열될 수 있다.

요약하자면, 반기획 출간은 출판사의 전문성과 저자의 주도성이 조화를 이루는 출판 형태이다. 완전한 자비 출간보다는 신뢰성이 높고, 순수 기획 출간보다는 접근성이 쉬운 절충형 모델로, 첫 책을 준비하는 초보 작가나 자신의 콘텐츠를 보다 완성도 있게 세상에 내놓고 싶은 사람들에게 적합한 방식이라 할 수 있다.

반기획, 기획 출간한 한 작가의 열정

울산 동구 방어진에는 슬도가 있다. 예전에는 바다 위에 떠 있는 작은 섬이었지만, 길이 놓이면서 이제는 육지처럼 드나들 수 있는 곳이 되었다. 파도가 바위에 부딪치며 내는 소리 덕분에 '슬도(瑟島)'라는 이름이 붙었다고 한다. 지금의 방어진은 세계적인 조선소인 현대중공업이 자리한 지역이지만, 그 거대한 크레인과 도크가 들어서기 전의 모습은 어땠을까.

어느 날, 지인의 소개로 일흔이 넘은 한 남성이 작은 보따리를 들고 찾아왔다. 그 안에는 볼펜으로 또박또박 써 내려간 원고와 직접 그린 그림들이

들어 있었다.

"제 고향은 방어진입니다. 어린 시절 그곳에서 자란 기억, 현대중공업이 들어서기 전의 방어진 이야기를 글로 남겼습니다. 이것도 책으로 낼 수 있 겠습니까?"

보따리를 풀고 원고를 펼쳐 보니 종이마다 세월의 결이 묻어 있었다. 컴 퓨터에 익숙하지 않은 그는 한 자 한 자 손으로 글을 쓰고, 기억을 더듬어 풍경과 사람들을 그림으로 그려 넣었다. 그 열정과 집념은 쉽게 지나칠 수 없는 것이었다.

그러나 현실적인 고민도 있었다. 특정 지역의 옛이야기는 독자층이 제한 적이어서 기획 출간으로 진행하기에는 부담이 따랐다. 그래서 상황을 솔 직히 설명한 뒤, 반기획 출간 방식으로 방향을 잡았다. 우선 손글씨 원고를 모두 텍스트로 옮기는 작업부터 시작해야 했다. 비용과 절차를 안내하고 계약을 체결한 뒤, 출판사와 협력하여 반기획 출간을 추진했다. 그렇게 해 서 한 권의 책이 세상에 나오게 되었다.

이 책은 단순한 개인 회고록을 넘어 지역사의 공백을 메우는 기록이 되 었다. 울산 동구는 1972년 현대조선소 설립 이후 급격한 변화를 겪었다. 산 업화 이후 세대는 물론, 그 이전 세대라 하더라도 개발 이후에 이주해 온 사람들은 변화 이전의 방어진을 알 길이 없다.

1장에서는 옛 방어진의 풍경과 미포, 오좌불, 낙화암, 전하 포구의 모습 이 생생하게 펼쳐진다. 지금은 사라지거나 변형된 공간들이지만, 책 속에서는 여전히 숨 쉬고 있다.

2장에서는 어선 진수식, 배도방 이야기, 고래잡이, 댕구리배와 꽁치배, 해변 낚시와 해초 채취 등 바다와 함께 살아온 사람들의 생활사가 담겨 있다. 이는 단순한 추억담이 아니라, 사라져가는 어촌 문화에 대한 귀중한 증언이다.

3장에서는 저자와 동시대를 살아온 다른 지역 사람들도 공감할 수 있는 보편적 기억들이 등장한다. 산업화 이전 공동체의 정서, 가난했지만 따뜻했던 시절의 풍경이 닮은 점과 다른 점을 비교하게 한다. 저자가 직접 그린 삽화는 글의 정서를 더욱 풍부하게 만드는 또 하나의 기록물이다.

그렇게 한 권의 지역 기록서가 세상에 나왔다. 그러나 이야기는 거기서 끝나지 않았다.

울산은 '고래의 도시'로 불린다. 장생포를 중심으로 한 포경의 역사는 한국 근현대사의 한 장면이기도 하다. 저자는 이번에는 한반도의 포경 역사를 정리한 두 번째 책 출간을 요청했다. 이 주제는 특정 지역에 국한되지 않고, 역사 · 생태 · 문화적 관점에서 폭넓은 독자층의 관심을 끌 수 있는 콘텐츠였다.

이에 따라 이번에는 기획 출간을 추진하게 되었다. 시장성과 주제 확장성을 검토한 뒤, 한 출판사와 정식 기획 출간 계약을 체결했다.

이 경험을 통해 분명해진 사실이 있다. 출간 방식은 작품의 완성도만으로 결정되지 않는다. 콘텐츠의 범위, 독자 확장 가능성, 시장성, 시대적 관심도 등 여러 요소가 함께 작용한다. 지역의 기억을 담은 책은 반기획 출간으로, 전국적·역사적 의미를 지닌 주제는 기획 출간으로 이어질 수 있다. 결국 중요한 것은 '기록하려는 의지'다.

한 사람의 손글씨 원고는 지역의 역사가 되었고, 한 도시의 바다는 한반도의 역사로 확장되었다. 기록은 개인의 추억에서 시작하지만, 세대와 지역을 넘어 오래 남는 자산이 된다.

세계여행을 다녀와
책을 낸 부부

내가 상주하면서 글을 쓰던 카페 이야기 끓이는 주전자에 어느 날 대학 시절 후배가 찾아왔다. 그는 다소 난감한 표정을 지으며 한 가지 고민을 털어놓았다. 자신의 거래처 사람이 아내와 함께 세계여행을 다녀왔는데, 그 경험을 책으로 엮고 싶다는 것이었다. 여행을 다니며 꼼꼼히 메모하고 수천 장의 사진을 남겼기에 자료는 충분했지만, 문제는 그것을 '책의 형태'로 정리하는 일이었다. 후배는 글을 쓰는 감각이 있었지만, 막상 남의 여행 이야기를 대신 엮는 일은 생각보다 훨씬 까다로웠다.

그는 처음엔 직접 원고를 다듬고 구성을 시도했으나, 시간이 지날수록 한계를 느꼈다. 일과 병행해야 하는 상황에서 글을 쓰기란 쉽지 않았고, 1년이라는 시간이 흘렀지만, 진척이 거의 없었다. 결국 그는

"이 일은 제가 감당하기 어렵습니다. 도와주세요."

라며 조심스럽게 말했다.

"그래, 맡겨봐."

라며 원고를 넘겨받았다.

이미 어느 정도 자료와 글이 준비되어 있었기에, 전문적으로 책쓰기 컨설팅을 하는 나에게는 그리 어려운 일은 아니었다. 먼저 여행의 동선과 감정의 흐름을 따라 원고를 다시 구성했다. 단순히 장소를 나열하는 여행기가 아니라, 부부가 함께한 시간 속의 감정 변화와 깨달음을 중심으로 서사를 재배치했다. 그렇게 하자 이야기가 살아났다. 마치 산만하게 흩어져 있던 여행 사진이 하나의 앨범으로 정리되는 듯한 느낌이었다.

문제는 출간 방식이었다. 아무리 글이 좋아도 출판사는 '시장성'을 먼저 본다. 전문 여행작가의 글이 아니라, 일반인의 여행 에세이라는 점에서 기획 출간은 어렵다고 판단되었다. 일반인의 여행기가 의미가 없다는 것이 아니라 여행 간 곳과 간단한 느낌 정도로는 기획 출간이 어려운 것이다. 원고는 완성되었지만, 출판사의 투자를 이끌 만큼의 '화제성'이 부족하다는 의미다. 후배와 의뢰인에게 솔직하게 말했다. 이건 반기획 출간으로 진행하는 게 가장 현실적인 방법이라는 것을.

현실적으로 반기획 출간은 400~500만 원 정도의 비용이 발생한다. 하지만 첫 책을 출간하면 주위의 지인들이 책을 많이 사준다. 친구나 동료, 가족들이 축하의 의미로 몇 권씩 구매해 다른 사람에게 선물하기도 한다. 이런 일은 단순한 판매 이상의 의미가 있다. 한 사람의 이야기가 책이라는 형태로 세상에 나왔다는 것은, 그만큼의 삶이 공감을 얻었다는 증거이기 때문이다.

또한 일정 수량의 책을 직접 확보해 두는 일은 생각보다 중요하다. 출판사는 일정 기간이 지나 판매가 부진하면 보관비 부담 때문에 책을 폐기하는 경우가 있다. 하지만 저자가 일부를 보유하고 있으면, 나중에라도 필요한 사람에게 전할 수 있고, 품절로 인해 사고 싶어도 못 사는 상황을 방지할 수 있다.

후배와 의뢰인에게 한 가지 조언을 덧붙였다. 책을 나눠줄 때는 그냥 주지 말고 반드시 돈을 받고 팔아야 한다는 것. 그게 책에 대한 최소한의 예의라는 것을. 실제로 무료로 받은 책은 쉽게 읽히지 않는다. 사람은 '가치 있는 대가를 지불한 것'에만 관심을 기울인다. 아무리 좋은 책이라도 공짜로 나누면 그 의미가 가볍게 소비된다. 책은 저자의 시간과 정성이 응축된 결과물이다. 그렇기에 반드시 대가가 오가야 한다. 그것은 단순한 거래가 아니라, 저자와 독자가 맺는 '책의 존중'이라는 약속이다.

또 하나 잊지 말아야 할 일은 사인이다. 책을 건넬 때는 짧게라도 손글씨로 마음을 전하는 것이 좋다. "ㅇㅇ에게, △△가 드립니다."라는 한 문장, 날짜와 사인을 곁들이면 책은 단순한 물건이 아니라 '기억이 깃든 선물'이 된다. 그 한 줄의 글씨가 책의 온도를 바꾸고, 독자의 마음에 오래 남는다.

이처럼 세계여행을 다녀온 한 부부의 이야기는 결국 한 권의 책으로 세상에 나왔다. 그것은 단순한 여행기가 아니라, 새로운 삶의 흔적을 기록한 결과물이었다. 후배에게도, 그리고 그 부부에게도 이 출간은 단순한 경험이 아니라 인생의 한 장면이 되었다. 반기획 출간이든 자비 출간이든, 중요한 것은 '출간의 방식'이 아니라 한 사람의 이야기가 세상과 연결되는 가치다.

책은 그들의 기억을 남기고, 또 다른 누군가의 꿈을 일깨운다. 그것이 책 쓰기의 진정한 의미이자, 내가 이 일을 계속하는 이유다.

2장

돈이 드는 자비 출간과 돈이 들지 않는 POD 출간 방식

자비 출간

작가가 출간 경비 전액 부담

여기서는 앞에서도 여러 번 언급한 자비 출간에 대하여 다루기로 한다. 자비 출간은 말 그대로 저자가 자신의 비용(자비)을 들여 책을 출간하는 방식이다. 출판의 기획과 결정권이 출판사가 아니라 저자에게 있으며, 인쇄비·편집비·교정교열비·디자인비·ISBN 등록비 등 제작 전반에 들어가는 비용을 저자가 부담한다. 출판사는 기획자가 아니라 제작과 행정을 지원하는 '대행자'에 가까운 역할을 한다고 볼 수 있다.

이 방식에서는 책의 방향과 콘셉트, 원고 구성, 표지 디자인, 판형, 종이 선택까지 대부분 저자의 의사에 따라 진행된다. 다시 말해, 저자의 의도가 가장 우선시되는 출간 형태다. 심사나 시장성 판단으로 원고가 수정되거나 보류될 가능성이 작고, 출간까지 걸리는 시간도 비교적 짧다. 내용의 제약이 거의 없다는 점 역시 큰 장점이다. 시집, 에세이, 회고록, 지역사 기록, 자서전, 개인 연구서, 강의 교재, 기업 홍보용 도서 등 목적 중심의 출판에 적합하다.

그러나 단점도 분명하다. 일반 기획 출간 도서처럼 대형 서점 유통망이나 적극적인 마케팅 지원을 기대하기 어렵다. 온 · 오프라인 서점 입점이 가능하더라도 판매 촉진 활동은 대부분 저자의 몫이다. 북토크, 강연, SNS 홍보, 지인 네트워크 활용 등 직접적인 홍보 활동이 병행되지 않으면 판매량은 제한적일 수 있다.

수익 구조 또한 냉정하게 바라볼 필요가 있다. 판매 수익은 유통 수수료와 제작비를 제외한 금액이 저자에게 돌아가지만, 초판 제작비가 적지 않기 때문에 단기간에 투자비를 회수하기는 쉽지 않다. 따라서 자비 출간은 '수익 창출'보다는 개인의 기록 보존, 브랜드 구축, 전문성 홍보, 강의나 사업과의 연계 목적으로 활용되는 경우가 많다.

제작비는 여러 요소에 따라 달라지는데, 그중 큰 영향을 미치는 요소가 인쇄 방식과 컬러 사용 여부다. 인쇄에서 흔히 사용하는 용어가 '도수(度數)'인데, 이는 사용되는 잉크 색상의 수를 의미한다.

1도 인쇄(1COLOR): 한 가지 색으로 인쇄하는 방식이다. 일반적으로 흑백 인쇄를 뜻하며, 가장 비용이 낮다. 텍스트 중심의 책이나 수필집, 학술서에 많이 사용된다.

2도 인쇄(2COLOR): 두 가지 색을 사용하는 방식이다. 본문은 흑백으로 하되, 포인트 색을 추가해 강조 효과를 줄 수 있다. 디자인적 완성도를 조금 더 높이면서도 비용은 비교적 절감할 수 있다.

4도 인쇄(4COLOR, ALL COLOR): CMYK 네 가지 색을 조합해 풀컬러로 인쇄하는 방식이다. 사진집, 그림책, 삽화가 많은 도서, 미술·여행 관련 도서 등에 적합하다. 표현력은 뛰어나지만, 인쇄비는 가장 비싸다.

결국 자비 출간은 "내 이야기를 어떤 형태로 남길 것인가"에 대한 선택이다. 기록을 남기고자 하는 의지가 분명하고, 목적이 뚜렷하다면 충분히 의미 있는 방식이다. 다만 출간 전에는 예산, 제작 부수, 유통 방식, 홍보 계획까지 구체적으로 설계하는 것이 필요하다. 책은 단순히 인쇄물이 아니라, 저자의 이름으로 세상에 남는 또 하나의 결과물이기 때문이다.

밴드에 올린 글을
자비 출간으로

밴드에 일상의 이야기를 꾸준히 올리던 한 분이 있었다. 산을 오르고, 사람을 만나고, 식당을 운영하며 살아가는 소박하지만 단단한 삶의 기록이었다. 어느 날 그분이 찾아와 말했다.

"밴드에 쓴 글을 모아 책으로 내고 싶습니다."

원고를 살펴본 뒤 출간 방식을 설명했다. 이 콘텐츠는 대중적 기획 출간보다는 저자의 의도와 삶의 결을 온전히 담을 수 있는 자비 출간이 적합하다고 판단했다. 그분도 흔쾌히 동의했다. 책은 누군가의 평가를 받기 위한 결과물이 아니라, 스스로의 삶을 정리하고 기념하기 위한 작업이었기 때문이다.

그분은 평범한 자영업자가 아니었다. 산악인이었다. 특히 5대륙 최고봉뿐만 아니라 세계 최고봉인 에베레스트를 밟았다는 사실은 그의 삶이 단순한 도전이 아니라 '극한을 넘어선 시간'이었음을 말해준다.

그가 책을 내고 싶은 이유는 의외로 담백했다.

"나를 위한 잔치를 한번 하고 싶습니다."

그 말이 오래 남았다. 대개 사람들은 성공하면 축하를 받고 싶어 하지만, 그는 '성과'가 아니라 '삶'을 기념하고 싶어 했다. 수많은 산을 오르내리며 살아온 시간, 식당을 지키며 사람을 만나온 세월, 밴드에 글을 쓰며 하루를 정리해 온 날들을 스스로에게 선물하고 싶었던 것이다.

나는 평소 거래하던 출판사를 소개해 자비 출간을 진행했다. 디자인과 편집을 정리하고, ISBN 등록과 제작 과정을 마쳤다. 또한 출판사 대표에게 부탁해 온라인 서점에도 입점할 수 있도록 했다. 자비 출간이지만, 최소한의 유통 창구는 마련해주고 싶었다.

책이 나오자 그는 약속대로 자신의 식당에 딱 100명만 초청했다.

"축의금은 받지 않습니다. 오늘은 그냥 즐기는 날입니다."

그 자리는 참 따뜻했다. 지인 중에는 색소폰을 연주하는 사람도 있었고, 방송인 출신도 있는 등 다양한 모습이었다. 각자의 방식으로 그의 삶을 축하했다. 그날은 출판기념회라기보다 인생 기념회에 가까웠다. 책은 매개였고, 진짜 주인공은 사람과 사람 사이의 시간이었다.

그 일을 계기로 우리는 자연스럽게 친하게 지내는 사이가 되었다. 가끔 연락해 술 한잔을 나누고, 때로는 산에 함께 오른다. 세계 최고봉을 밟은 사람과 나란히 산길을 걷는 경험은 나에게도 큰 영광이었다. 정상에 올랐다는 사실보다 더 인상적인 것은, 그가 정상 이후에도 겸손하게 일상을 살아간다는 점이었다.

책쓰기 컨설팅을 하면서 깨닫는 것이 있다. 책은 종이 위에 남는 결과물이지만, 그 과정에서 맺어지는 인연은 마음에 남는 자산이라는 사실이다. 누군가는 기록을 통해 자신의 삶을 정리하고, 누군가는 그 기록을 돕는 과정에서 새로운 사람을 얻는다.

책을 출간한다는 것은 한 사람의 삶에 의미를 부여하는 작업이다. 그리고 때로는, 한 권의 책이 한 사람의 인생에 작은 축제가 되기도 한다.

그의 말이 생각난다. 남극점을 탐험할 때 샤프가 무거워 샤프심을 버리기까지 하면서 죽을 고생을 했다는 것이다. 그리고 결심한 것이 있었다.

"여기서 살아서 돌아가면 화를 내지 않겠다. 이곳에 나의 화를 두고 간다."

자비 출간의
장점

자비 출간은 초기 비용이 많이 든다는 단점이 있지만, 장점도 있다. 나는 다양한 분야의 전문가 책을 코칭해 왔다. 심리학, 명리학뿐 아니라 스피치 분야에서도 한 원장의 책을 함께 만들어본 적이 있다. 그 원장은 스피치 학원의 원장이었고, 처음 책을 내기로 했을 때는 스피치에 대한 전문지식만 있을 뿐 글쓰기나 책 구조에 대한 경험은 없었다. 책쓰기 컨설턴터인 나는 스피치의 내용적 전문성과 책의 전달력을 연결하는 다리 역할을 맡았다.

첫 책을 반기획으로 출간했다. 이 책은 스피치를 단순한 말하기 기술이 아닌 내면에서 우러나오는 소통의 예술로 정의하며, 스피치가 자신감과 신뢰를 이끄는 삶의 핵심임을 강조했다. 책은 스피치가 마음속에서 나오는 표현이며, 제스처와 표정 등 말에 수반되는 모든 행동이 포함된다고 설명했다. 또한 스피치는 사회생활에서의 인간관계와 신뢰 구축에 중요한 역할을 한다는 메시지를 담았다.

출간 직후 이 책은 판매량이 폭발적이었다. 정가의 약 70% 가격으로 초판을 모두 소진했고, 모자라서 2쇄를 찍을 정도로 반응도 뜨거웠다. 이 성공은 원장의 강연과 학원 수강생이 책을 계속 구매한 덕분이었으며, 이는 책의 내용이 실제 현장에서 많은 이들에게 공감과 실질적 도움이 된 결과였다.

그다음 원장은 두 번째 책을 준비할 때 아예 자비 출간으로 방향을 바꿨다. 그 이유는 "자비 출간이 비용 면에서 더 효율적이기 때문"이라고 판단했기 때문이다. 자비 출간은 초기 비용이 많이 들지만, 정가의 몇 %라는 식이 아니라, 1,000권에 얼마라는 식으로 가격이 책정되기에 훨씬 비용이 적게 든다.

책의 주제는 스피치에 관한 보다 깊이 있고 실전적인 통찰을 담는 방향으로 확장되었고, 나는 이번에도 구조화된 목차 설계, 독자가 쉽게 이해할 수 있는 문체 조율, 그리고 "현장에서 강의하는 스피치 노하우를 글로 담는 방법"에 집중해서 코칭했다.

그 결과 두 권 모두 단순한 스피치 학습 교재를 넘어, 독자들이 자신감을 갖고 말할 수 있도록 돕는 실용적인 인문·경영 콘텐츠로 자리 잡았다. 내가 코칭한 과정은 단순히 문장을 다듬는 작업이 아니라, 전문가의 지식과 현장의 경험을 독자가 공감할 수 있는 언어로 재구성하는 일이었고, 그것이 두 책 모두 많은 사람의 삶과 커뮤니케이션 방식에 영향을 준 이유였다.

POD 출간

초기 출간비 없는 방식

POD는 Print On Demand, 즉 주문형 인쇄를 뜻한다. 기존 출판 방식이 수천 부를 한꺼번에 인쇄한 뒤 서점에 배포하는 구조라면, POD는 독자의 주문이 들어올 때마다 필요한 수량만 제작하는 방식이다. 극단적으로 말하면 1권만 주문해도 인쇄할 수 있다. 출판사는 전자 원고를 데이터로 보관하고 있다가 주문이 발생하면 즉시 인쇄와 제본을 진행해 독자에게 발송한다. 이 때문에 대량 인쇄에 따른 재고 부담이 없고, 창고 보관이나 반품 문제에서도 자유롭다.

이 방식의 가장 큰 장점은 초기 비용 부담이 거의 없다는 점이다. 전통 출판처럼 초판 제작비를 선투자할 필요가 없으므로, 자금 여력이 충분하지 않은 1인 작가에게 매우 현실적인 대안이 된다. 또한 재고 관리가 필요 없고, 소량 제작이 가능해 개인 소장용이나 기념용 출판에도 적합하다. 온라인 서점 유통도 가능해 YES24, 알라딘, 교보문고와 같은 주요 인터넷 서점에서 일반 도서와 같이 검색되고 판매된다. 심사 기간도 비교적 짧아, 원고와 표지가 완성된 상태에서 투고하면 영업일 기준 3~4일 이내에 승인 여부가 결정되고, 승인 후 주문하면 보통 1주일 이내에 책을 받아볼 수 있다. 더불어 일주일에 한 차례 정도 원고 수정이 가능해, 출간 이후에도 내용을 보완할 수 있다는 장점이 있다.

그러나 한계도 존재한다. 대형 오프라인 서점 매대에 진열되기는 쉽지 않고, 언론 홍보나 마케팅 지원은 거의 기대하기 어렵다. 또한 제본 방식과 종이 선택의 폭이 일반 기획 출간 도서에 비해 단순한 편이다. 무엇보다 교정·교열, 편집, 표지 디자인을 저자가 직접 준비해야 하므로 관련 지식이 없다면 다소 어려울 수 있다. 물론 플랫폼에서 제공하는 가이드를 충분히 숙지하고 외부 전문가의 도움을 받는다면 초보자도 충분히 진행할 수 있다. 판매가 이루어질 경우 저자는 인쇄비를 제외한 금액 중 일정 비율, 보통 정가의 20~30% 수준을 인세로 받게 된다. 다만 구체적인 수익 구조는 플랫폼 정책에 따라 차이가 있다.

국내에서 POD 출간을 진행할 수 있는 대표적인 곳은 교보문고와 부크크이다. 교보문고 POD 서비스는 국내 최대 서점 브랜드의 신뢰도를 바탕으로 운영된다. 작가 등록 후 원고 파일과 표지 파일을 업로드하고, 도서 정보와 가격을 입력하면 내부 검수를 거쳐 온라인 서점에 등록된다. ISBN 발급도 지원하며, 교보문고 온라인몰을 통해 안정적으로 유통된다는 장점이 있다. 다만 편집과 디자인은 기본적으로 저자가 완성된 파일 형태로 제출해야 하므로, 사전에 충분한 준비가 필요하다.

부크크는 1인 출판에 특화된 플랫폼으로, 비교적 접근이 쉽고 사용이 간편하다는 특징이 있다. 한글이나 워드 파일을 PDF 형식으로 업로드한 뒤, 제공되는 템플릿이나 온라인 편집기를 활용해 조판을 진행할 수 있으며, 표지 역시 템플릿을 이용해 제작할 수 있다. ISBN 발급 유무를 선택할 수 있고, 심사를 거쳐 판매가 시작된다. 개인 소장용 소량 제작이 특히 편리하며, YES24나 알라딘 등 외부 온라인 서점 연동도 가능하다.

POD 출간은 전통적인 기획 출간의 대체재라기보다 또 하나의 선택지다. 기획 출간이 시장성과 판매 가능성을 중심으로 움직인다면, POD는 저자의 의지와 목적을 중심에 둔다. 비용 부담 없이 자신의 이야기를 세상에 내놓고 싶은 사람, 자서전이나 에세이, 강의 교재, 블로그 글 모음집 등을 출간하고 싶은 사람에게 매우 적합한 방식이다. 오늘날 출판의 문턱은 과거보다 훨씬 낮아졌다. 이제 중요한 것은 출간 가능 여부가 아니라, 어떤 내용을 담아 세상과 나눌 것인가 하는 문제다.

나 역시 POD 방식으로 출간한 책이 적지 않다. 개인 저서만 해도 세 권에 이르며, 어린이 동화책과 성인 대상 도서 등 장르도 다양하다. 특히 아이들 동시집이나 글쓰기 수업 후 모은 작품집, 어린이 동화 모음집과 같은 책에는 POD 플랫폼이 매우 적합하다. 소량 제작이 가능하고, 필요할 때마다 주문해 배포할 수 있기 때문이다. 학급 문집이나 수업 결과물처럼 대량 판매를 목적으로 하지 않는 책이라면 더욱 효율적이다.

지인들의 사례도 여러 차례 있었다. 『역사와 문화가 숨 쉬는 푸른 언양』은 지역의 숨은 이야기와 역사적 가치를 깊이 있게 담아낸 인문학적 기록물로, 울산 언양의 풍부한 문화유산과 사람들의 삶을 되살려낸 작품이다.

저자는 언양 지역에 깃든 역사적 사실과 문화의 맥락을 기록했는데, 나의 POD(주문형 출판) 출간 컨설팅을 통해 세상에 나왔다. 초기 기획 단계에서부터 책의 방향성과 구성, 현장 기록물의 정리 방식, 도판과 시각 요소의 배치까지 전체 출판 과정에 걸쳐 내가 세심하게 자문했으며, 특히 POD 방식의 장점을 살려 품질과 비용 효율을 동시에 고려한 출판 전략을 제안했다.

그 결과 이 책은 대형 출판 시스템에 얽매이지 않고도 언양의 역사와 문화가 지역 주민과 독자에게 그대로 전달되는 형태로 출간될 수 있었다. POD 방식 덕분에 소량 주문형 인쇄가 가능해졌고, 그로 인해 언양의 정체성과 스토리를 보존하는 데 가장 적합한 출판 모델로 자리매김했다. 또한 이 과정은 지역 콘텐츠를 현대 독자에게 매력적으로 소개함과 동시에 지역 문화 출판의 새로운 가능성을 보여준 사례로 평가받고 있다.

이외에도 책 소개 방송을 진행하던 작가의 방송 원고를 정리해 책으로 출간한 적도 있다. 이처럼 어떤 내용이라도 원고만 있으며, 이를 체계적으로 정리해 책으로 엮을 수 있으며, 그것은 개인의 기록이 되고, 때로는 인생의 의미 있는 기념물이 된다.

POD 출간의 가장 큰 장점은 초기 비용 부담이 거의 없다는 점이다. 일반적인 자비 출판의 경우 편집 · 디자인 · 인쇄 · 유통 비용을 포함해 최소 500만 원에서 1,000만 원 이상이 드는 경우가 많다. 반면 POD는 대량 인쇄를 하지 않기 때문에 선투자 비용이 거의 없다. 한 권만 주문해도 제작할 수 있으므로, 경제적 부담이 매우 적다.

물론 단점도 있다. 편집과 표지 제작을 직접 해야 한다는 점이다. 원고를 단순히 모아 놓는다고 책이 되는 것은 아니다. 판형 설정, 글자 크기, 줄 간격, 여백, 표지 디자인 등 기본적인 출판 지식이 필요하다.(표지는 부크크 홈페이지에서 구매도 가능하다.) 그러나 요즘은 유튜브에 POD 책 만드는 방법이 상세히 소개되어 있어, 이를 참고하면 초보자도 충분히 도전할 수 있다. 실제로 많은 1인 작가들이 온라인 강의나 영상 자료를 통해 독학으로 책을 완성하고 있다.

결국 POD 출간은 '책을 꼭 내고 싶지만, 비용이 부담되는 사람'에게 매우 현실적인 선택지다. 더 나아가, SNS에 쌓인 자신의 기록을 하나의 결과물로 정리하고 싶은 사람에게도 적합하다. 책은 단순한 인쇄물이 아니라, 자신의 시간을 묶어내는 그릇이다. POD는 그 그릇을 보다 가볍고 실용적인 방식으로 만들 수 있게 해주는 통로라 할 수 있다.

여기서 중요한 점은 나에게는 이것도 사업의 한 영역이라는 것이다.

SNS에 남긴 글을
POD 방식으로
출간한 사례

요즘은 많은 사람이 SNS에 자신의 일상과 생각을 기록한다. 짧은 문장 속에서도 한 사람의 삶의 결이 묻어나고, 그 축적된 기록은 어느새 하나의 이야기로 성장한다. 이러한 SNS 글을 한 권의 책으로 엮는 일은 내가 하는 중요한 사업 중 하나다. 단순히 '온라인 기록을 인쇄물로 옮기는 일'이 아니라, 한 개인의 삶을 한 시대의 언어로 남기는 작업이기도 하다.

한 지인은 오랜 기간 페이스북에 올린 글을 책으로 엮고 싶다고 찾아왔다. 그는 매일같이 삶의 단상과 사소한 감정을 글로 남겼고, 그 속에는 꾸밈없는 일상과 시간의 흐름이 고스란히 담겨 있었다. 그러나 현실적으로 이러한 개인의 글 모음은 상업성이 높지 않아 일반 기획 출판으로 이어지기 어렵다. 자비 출간을 하기에도 제작비 부담이 크다는 점에서 쉽지 않은 선택이었다.

그래서 그에게 POD 방식을 제안했다. POD는 '주문형 출판'으로, 소량 인쇄가 가능해 초판 부담이 없고, 교보문고 · YES24 같은 주요 온라인 서점에서도 일반 도서처럼 판매될 수 있다는 장점이 있다. "책의 형태로 남기고 싶다면 POD가 가장 합리적인 방법입니다."라는 제안에 지인은 기꺼이 동의했고, 'SNS 기록 책 만들기 프로젝트'를 시작했다.

　우선 그의 페이스북에 들어가, 지난 1년간 올린 수백 개의 게시물을 모두 모았다. 그리고 글의 주제와 감정의 흐름을 살피며, 책으로 엮을 만한 글을 선별했다. 단순히 나열하는 대신, '봄·여름·가을·겨울'이라는 네 개의 장(章)으로 구성하여 계절의 변화 속에 삶의 온도와 감정의 흐름이 자연스럽게 녹아들도록 했다.

　SNS 특성상 즉흥적으로 쓴 문장은 다듬을 필요가 있었다. 문장의 리듬과 감정을 해치지 않으면서 문체를 정리하고, 중복된 내용은 덜어내며, 흐름이 끊기지 않도록 자연스러운 연결 문장을 새로 썼다. 그렇게 다듬어진 원고는 단순한 '기록 모음'이 아니라, 한 사람의 진솔한 인생 이야기를 담은 '문학적 서사'로 변모했다.

　책이 나왔을 때 지인들을 불러 출판기념회를 열었다. 그곳에 참석해 책의 내용이 낭독될 때, 커다란 감동이 솟구쳤다.

　또 다른 사례로, 몇 년 동안 카카오스토리에 글을 올려온 한 여성의 이야기가 있다. 그녀는 50대 중반의 나이에 영어도 잘하지 못했지만, 유럽과 남미를 100일 넘게 배낭 여행한 경험을 기록으로 남겼다. 패키지여행이 아닌, 오롯이 혼자 떠난 여정이었다. 그것은 용기이자 도전이었고, 그 진정성이 사람의 마음을 움직였다. 그녀의 카카오스토리에는 해외여행 이외에도 또 다른 세계가 있었다. 10년이 넘는 세월 동안 일상을 꾸준히 기록한 글들이 그것이었다. 하루하루의 사소한 감정, 일상의 소소한 순간들이 쌓여 하나의 삶의 연대기가 되었다.

그녀의 SNS 기록을 '여행기'와 '삶의 기록' 2부로 나누어 구성했다. 여행기에는 낯선 도시에서 마주한 감정과 풍경, 낯선 사람을 만나서 생긴 스토리를 담았고, 일기에는 그녀의 삶 속에서 피어난 사유와 사람 냄새 나는 이야기를 담았다.

그녀 역시 자비 출간 대신 POD 방식을 택했다. 그리고 마침내 책이 완성되었을 때, 그녀는 자신의 환갑을 기념해 출판기념회를 열었다. 오랜 친구들과 가족, 그리고 글을 통해 연결된 사람들이 모여 그녀의 삶을 축하했다.

이 두 사례는 단순히 개인의 글을 모은 출간 사례가 아니다. 디지털 공간 속에 흩어져 있던 기록이 종이 위로 옮겨오는 순간, 그것은 단순한 데이터가 아니라 '삶의 증거'가 된다. SNS의 짧은 글들은 순간의 감정일 뿐이지만, 그것이 책으로 묶이는 순간 한 사람의 인생과 시대의 이야기를 품은 아카이브로 재탄생한다.

SNS에는 매일 수많은 글이 쏟아진다. 일상의 기록, 감정의 고백, 여행의 추억, 짧은 사색의 문장까지. 그것들은 단편적으로 흩어져 있지만, 그 속에는 한 사람의 삶과 생각의 결이 고스란히 녹아 있다. 이 글들이 단지 디지털 공간에 머무르지 않고, 하나의 맥락을 갖춘 이야기로 재구성된다면, 충분히 책으로 태어날 수 있다. 바로 그 과정을 돕는 것이 작가의 새로운 역할이며, 이 시대의 글쓰기 시장이 주목해야 할 가능성이다.

작가는 이러한 재구성의 과정에서 '의미의 연결자'가 된다. 단순히 글을 모으는 것이 아니라, 흩어진 문장들 속에서 주제와 감정의 흐름을 찾아내고, 독자가 공감할 수 있는 이야기 구조로 엮어낸다. 그렇게 재탄생한 한 권의 책은 단순한 글 모음이 아니라, 개인의 삶이 하나의 서사로 정돈된 결과물이 된다. 작가는 바로 그 창조적 과정을 통해 가치를 만들고, 그 대가로 수익을 얻는다.

글로 돈을 버는 일은 결코 부끄러운 일이 아니다. 작가는 자신의 시간과 생각, 감정을 녹여 세상에 전달하는 사람이다. 그 노동은 창작의 영역이며, 다른 어떤 직업보다도 깊은 몰입과 책임을 필요로 한다. 그렇기에 그 대가로 얻는 수익은 정당한 보상이다. 오히려 '글로 돈을 번다'라는 것은 자신의 재능과 열정을 사회적 가치로 전환했다는 증거다.

무엇보다 책을 내는 일은 단순한 수익 활동을 넘어, 세상과 의미를 나누는 일이다. 한 사람의 이야기가 책이 되어 다른 이의 마음에 닿고, 누군가의 일상이 위로와 공감으로 이어질 때, 그 책은 이미 사회적 가치를 가진다. 작가는 바로 그 가치의 흐름 속에서 일하며, 동시에 생계를 유지하는 사람이다.

POD 출간은 기술의 산물이지만, 그 본질은 '기억의 보존'이다. 빠르게 사라지는 디지털 흔적을 종이 위에 남겨 오래도록 간직하게 하는 일, 그것이 바로 현대의 출판이 지닌 새로운 의미이다. SNS에서 시작된 기록이 책으로 이어지는 일은 결국, 개인의 삶을 한 시대의 언어로 새겨 넣는 가장 아름다운 방식이다.

3장

공감을 주는 글쓰기

AI 글쓰기
논쟁

최근 문학과 출판 현장에서 가장 뜨거운 논쟁 가운데 하나는 "AI를 글쓰기에 활용해도 되는가"라는 질문이다. 특히 원로 작가인 황석영이 『할매』 집필 과정에서 ChatGPT를 보조 도구로 활용했다고 밝히면서 이 논의는 더욱 본격화되었다.

이 문제는 단순히 기술 사용 여부를 넘어, 창작의 본질과 인간 고유성에 관한 질문으로 확장된다.

반대 의견: "AI는 창작의 순수성을 훼손한다."

AI 활용에 대해 비판적인 입장은 크게 세 가지로 정리할 수 있다.

첫째, 창작의 진정성이 약화할 수 있다는 우려다. 문학은 인간의 체험과 감정, 고통과 사유에서 비롯되는 예술인데, 기계의 개입이 그 순도를 흐릴 수 있다는 주장이다. 독자는 작가의 삶과 영혼이 담긴 문장을 기대하는데, AI가 개입하면 그 경계가 모호해질 수 있다는 것이다.

둘째, 의존성 문제다. AI가 아이디어를 제시하고 구조를 짜주다 보면, 작가 스스로 사고하는 힘이 약해질 수 있다는 지적이다. 글쓰기의 핵심은 사유의 과정인데, 이를 외부 도구에 맡기면 창작 근육이 퇴화할 수 있다는 논리다.

셋째, 저작권과 윤리 문제다. AI가 학습한 데이터의 출처가 완전히 투명하지 않다는 점에서, 생성된 결과물이 완전히 독창적인가에 대한 의문이 제기된다. 또한 독자가 '인간이 쓴 글'이라고 믿고 읽는 작품에 AI가 개입했다면, 그것을 어디까지 공개해야 하는지도 논란의 대상이 된다.

이러한 반대 의견은 결코 가볍지 않다. 기술의 발전 속도가 빠를수록, 인간 고유 영역을 지키려는 경계심은 자연스러운 반응이기 때문이다.

반박: "도구는 본질을 대체하지 못한다"

그러나 이러한 우려는 AI의 성격을 과장하거나 오해한 측면도 있다. 첫째, AI는 창작의 주체가 아니다. AI는 질문에 응답하고 가능성을 제시할 뿐, '왜 이 이야기를 써야 하는가'라는 근본적 동기를 갖지 않는다. 창작의 출발점은 여전히 인간의 문제의식과 세계관이다. 황석영 역시 『할매』에서 AI를 문장 생산자가 아니라 '구조 설계와 아이디어 확장 도구'로 활용했다고 밝혔다. 최종 문장과 감정, 문체는 전적으로 작가의 몫이었다.

둘째, 도구 사용은 창작을 약화시키지 않는다.

작가들은 과거에 연필을 사용했고, 이후 타자기를 활용했다. 오늘날 아래한글이나 워드를 사용한다고 해서 글의 진정성이 훼손되었다고 말하지 않는다. 자료 검색을 위해 인터넷을 활용한다고 해서 창작이 비윤리적이라고 하지도 않는다. AI 역시 그 연장선에 있는 새로운 도구일 뿐이다.

셋째, 의존은 문제지만 활용은 능력이다.

의사가 의료기기를 사용한다고 해서 환자를 대신 치료하는 것이 아니듯, 의료기기가 의사의 판단을 대체하지 못하듯, AI 역시 작가의 사유를 대신할 수 없다. 오히려 숙련된 창작자일수록 AI를 선별적으로 활용한다. 필요한 부분만 취하고, 불필요한 제안은 걸러낸다. 이는 사고의 약화가 아니라 사고의 확장이다.

찬성 의견: "AI는 사고를 확장하는 동반자"

AI 활용의 핵심은 '대체'가 아니라 '확장'에 있다. 황석영의 사례가 상징적인 이유는, 오랜 문학적 경력을 지닌 원로 작가가 기술을 두려워하지 않았다는 점이다. 그는 AI를 통해 아이디어의 폭을 넓히고, 서사의 논리 구조를 점검하며, 다양한 가능성을 탐색했다. 이는 브레인스토밍 파트너를 곁에 둔 것과 유사하다.

AI는 다음과 같은 영역에서 특히 유용하다.

아이디어 확장과 변주 제안

서사 구조 점검

정보 정리 및 요약

다양한 관점 제시

초고 다듬기 전 구조 설계

이 과정에서 작가는 오히려 자기 생각을 더 명확히 언어화하게 된다. 질문을 던지는 순간, 생각은 정리되기 시작한다. AI는 끊임없이 되묻고 응답함으로써 사고를 구조화하도록 돕는다.

무엇보다 중요한 점은, 감정과 문체는 여전히 인간의 영역이라는 사실이다. 문학은 단어의 배열이 아니라 체험의 밀도에서 탄생한다. AI는 체험하지 않는다. 슬픔을 겪지 않았고, 사랑을 잃어보지 않았으며, 산 정상의 공기를 마셔본 적도 없다. 인간의 기억과 감정이 스며들지 않는다면, 문장은 살아 움직이지 않는다.

"사용 여부가 아니라 사용 방식의 문제"

결국 논쟁은 "AI를 써야 하는가, 말아야 하는가"가 아니다. "어떻게 사용할 것인가"의 문제다. 전적으로 의존하면 창작은 얕아질 수 있다. 그러나 주체적 사고를 바탕으로 활용한다면, AI는 강력한 지적 도구가 된다.

인류의 문명은 언제나 도구와 함께 발전해 왔다. 필기구, 인쇄기, 컴퓨터, 인터넷이 그랬듯이 AI도 하나의 전환점에 서 있다. 중요한 것은 기술을 거부하는 태도가 아니라, 인간 중심의 기준을 세우는 일이다.

AI는 작가를 대신할 수 없다. 그러나 작가가 더 넓게 생각하도록 돕는 조력자는 될 수 있다. 따라서 이 문제의 답은 단순하다. AI를 사용할 것인가 말 것인가의 문제가 아니라, 자신의 사유를 중심에 두고 얼마나 주체적으로 활용할 것인가의 문제다. 기술은 도구이고, 창작의 본질은 여전히 인간에게 있다.

이야기 끓이는
주전자 글쓰기 수업

관공서 자서전 프로젝트 등을 진행하며 개인 책쓰기 컨설팅을 하던 중, 한 회원이 '이야기 끓이는 주전자'라는 이름의 마을기업을 시작한다는 말을 들었다. '이야기 끓이는 주전자'라는 말을 들었을 때 참 신선하다는 느낌이 들었다. 그 말을 듣고 상상의 확장성이 아주 넓다고 생각했다. 컨셉에 있어 내가 하는 일과 교집합적인 측면이 있었고 개인 사무실을 운영하며 경비를 쓰느니 함께 하면 좋겠다는 생각이 들었다. 그래서 '이야기 끓이는 주전자'(줄임말로 이끓주)에 합류하게 되었다.

이끓주에서 많은 이야기를 끓였다. 그중에서도 가장 의미 있었던 것이 글쓰기 수업이다. 매주 하나의 주제를 주고 그 주제에 따라 글을 써오게 하는 숙제를 준다. 그리고 모임 시간에 자기가 쓴 글을 읽는다. 글을 쓰고 싶지만, 살아오면서 글을 써본 적이 없는 사람은 지속해서 글을 쓰기 어렵다. 우선 무엇을 어떻게 써야 할지를 모른다. 글은 작가나 쓰는 것으로 생각하고 글쓰기는 어려운 것이며, 이제껏 글쓰기를 하지 않아도 잘 살아왔는데 굳이 글을 쓸 필요를 느끼지 못하는 것이다.

글쓰기를 하기 위해 온 사람에게 글쓰기가 사람의 마음과 삶에 어떤 변화를 가져오는지부터 먼저 이야기해 주었다. 글쓰기는 단순히 문장을 만드는 일이 아니다. 그것은 자신의 삶을 정리하고, 머릿속의 복잡한 생각을 눈앞에 꺼내어 보는 과정이다. 생각이 글이 되는 순간, 막연했던 고민의 윤곽이 드러나고 문제의 본질이 보인다. 그때 우리는 비로소 "아, 내가 이런 생각을 하고 있었구나" 하고 자신을 이해하게 된다. 그렇게 글쓰기는 자신을 객관적으로 바라보게 하며, 얽히고설킨 감정과 생각을 하나씩 풀어주는 정리의 힘을 가진다.

또한 글쓰기는 삶에 새로운 의미를 부여하고 활력을 불어넣는 행위이기도 하다. 바쁘고 반복되는 일상 속에서 우리는 자신이 왜 살아가는지, 무엇을 위해 노력하는지를 잊고 살아간다. 하지만 글을 쓰기 시작하면 잊고 있던 기억들이 하나둘 떠오르고, 그 안에서 감사와 후회, 그리고 새로운 다짐이 생긴다. 그렇게 글은 사람을 다시 '활력 있게' 만든다. 그런 의미에서 한 편의 글을 완성하고 난 뒤의 뿌듯함은 자신 스스로의 자존감을 높여주기도 한다.

무엇보다 글쓰기는 치유의 힘을 가진다. 마음속 깊이 묻어둔 상처나 외로움, 말로는 차마 꺼낼 수 없었던 감정이 글을 통해 서서히 표면으로 떠오른다. 글로 표현하는 순간, 그 아픔은 더 이상 막연한 괴로움이 아니라 언어로 정리된 '나의 이야기'가 된다. 그렇게 글을 쓰는 행위 자체가 상처를 희석하고, 아픔을 다스리는 과정이 된다.

우리는 매일 말을 하며 산다. 기쁘면 웃으며 이야기하고, 화가 나면 툭툭 내뱉기도 한다. 하지만 말은 휘발성이 강하다. 입에서 나오자마자 사라지고, 순간의 감정은 금세 다른 일상에 묻혀버린다. 아무리 중요한 이야기라도 시간이 지나면 기억의 틈새로 흘러가 버린다. 나이가 들수록 그 속도는 더 빨라지고, 결국 우리는 자신이 걸어온 길의 많은 부분을 잊어버린다. 그럴 때 마음 한구석에 묘한 아쉬움이 남는다. "내 인생이 의미 없이 흘러가 버린 건 아닐까?" 하는 허전함이 그것이다.

기억은 점점 희미해지고, 그때의 감정은 더 이상 되살릴 수 없다. 기록하지 않았기 때문이다. 좋은 추억도, 아픈 기억도 모두 시간이 지나면 흐릿해진다. 하지만 글로 남겨두면 다르다. 글은 사라지지 않는다. 다시 읽을 때마다 그 시절의 나와 마주하게 된다.

물론 어떤 이는 이렇게 말할지도 모른다. "좋았던 일이라면 몰라도, 왜 힘들었던 일까지 다시 꺼내야 하나요?" 하지만 나는 단호히 말한다. 힘든 일 또한 인생의 한 부분이며, 그것을 마주할 용기가 있을 때 진정한 성장이 이루어진다. 당시에는 경황이 없어 이해하지 못했던 일도 글로 정리하다 보면 새로운 시선으로 바라볼 수 있다. 쓰는 과정에서 감정이 차분히 가라앉고, 그 안에서 깨달음이 생긴다.

결국 글쓰기는 자신과 대화하는 일이다. 그 속에서 우리는 상처를 어루만지고, 잊고 있던 나의 지혜를 되찾는다. 세상의 어떤 교훈보다 깊고 값진 가르침은 바로 자신의 경험에서 얻은 깨달음이다. 그리고 그것을 가능하게 하는 도구가 바로 글쓰기이다.

다른 글쓰기 수업에는 보통 합평이란 것을 한다. 합평이란 다른 사람의 글에 대해 미주알고주알 입을 대는 것이다. 합평이 좋은 점도 있지만, 글을 처음 쓰기 시작하는 사람에겐 독약과도 같다. 글을 쓰고 싶다는 마음의 새싹을 짓밟는 것에 비유할 수 있다. 글을 쓰지 않다가 큰맘 먹고 글쓰기에 도전했는데, 악평을 들으면 힘이 쭉 빠지고 기분도 좋지 않게 된다. 아무리 힘들어도 글을 쓰겠다는 굳은 마음을 갖지 못한 사람은 쉽게 글쓰기를 포기해 버린다.

그에 반해 나는 합평을 하지 않고 회원이 쓴 글에 칭찬부터 해준다. 『칭찬은 고래도 춤추게 만든다』라는 책이 있듯이 어떤 글이든 칭찬할 부분을 찾아 이야기해 준다. 글쓰기에 대한 동기부여를 강하게 시키는 것에서 글쓰기 지도를 시작하는 것이다. 그리고 글을 처음 쓰는 사람에게 무조건 쓰는 방법인 '막 쓰기'를 시킨다. 처음엔 내용보다 분량이 중요하기 때문이다. 아무리 글을 잘 쓰는 작가라 하더라도 퇴고하지 않는 작가는 없다. 생각을 글로 막 쓰고 난 뒤에 퇴고하는 과정에서 문학성이나 완성도를 높여 나간다. 퇴고는 내가 별도로 해주었다. 그런 과정에서 회원들은 자연스럽게 좋은 글을 쓰는 방법을 터득하게 되었다.

처음 글을 쓰는 사람은 글을 잘 쓰려고 연필에 힘을 준다. 그러면 연필심이 부러져 글을 쓸 수가 없다. 그렇기에 처음에는 무조건 생각나는 대로 쓰라고 요구한다. 어떤 글이라도 막 쓰기를 하면 자신이 쓴 글이 눈에 보인다. 즉 생각을 눈으로 볼 수 있는 '생각의 시각화'가 이루어진다. 눈으로 보고 다듬는 것이 머릿속에 생각만 굴리다가 명문장을 쓰려고 하는 것보다 훨씬 효과가 있다.

글은 많이 쓰면 잘 쓰게 된다. 시간을 투자하는 만큼 글쓰기도 잘하게 된다. 글은 엉덩이로 쓴다는 말도 있다. 또한 글쓰기를 이끄는 작가나 선생님이 약간의 조언만 해주어도 글쓰기 실력이 팍팍 늘어난다. 글쓰기의 요령을 스스로 익히게 되는 것이다. 요령이라고 하여 특별히 정해진 것은 없다. 사람마다 자신에 맞는 글쓰기 스타일이 생겨난다는 것을 의미한다.

와글와글

이끎주에서 나는 글쓰기를 중심으로 한 또 다른 커뮤니티를 운영했다. 이름하여 '와글와글 글쓰기 모임'이었다. 이 모임은 단순한 글쓰기 스터디가 아니라, 삶을 나누고 서로의 이야기에 귀 기울이는 따뜻한 커뮤니티였다.

'와글와글'이라는 이름에는 여러 의미가 담겨 있었다. 사람들이 모여 시끌벅적하게 웃고 이야기하는 소리, 그리고 그 안에서 자연스럽게 피어나는 생각과 감정의 교류를 상징했다. 또한 '와인을 마시면서 글을 쓴다'라는 중의적 의미도 있었다. 우리는 2주에 한 번씩 정기적으로 모였고, 매번 모임의 주제는 "살아가는 이야기"였다. 거창한 문학을 쓰기보다는, 각자의 일상에서 느낀 감정과 깨달음을 글로 표현했다.

모임의 가장 큰 특징은 와인을 곁들인 글쓰기 시간이었다. 참석자들은 한 손에 잔을 들고, 다른 손으로 펜을 잡았다. 잔잔한 음악이 흐르는 공간에서 와인은 마음을 느슨하게 풀어주었고, 자연스레 진심이 담긴 글이 흘러나왔다. 누군가는 일상의 고단함을, 누군가는 오랜 꿈을, 또 누군가는 아직 다 풀지 못한 마음속 이야기를 써 내려갔다. 그렇게 쓰인 글은 서로에게 건네는 위로이자, 또 다른 자기 고백이었다.

나는 이 모임을 단순히 글쓰기 연습의 장이 아니라 '사람이 사람을 통해 성장하는 자리'로 만들고자 했다. 그래서 매회 울산 지역의 작가 한 명을 초청해 강연을 열었다. 초청 작가들은 각자의 창작 경험과 인생 이야기를 들려주었고, 참가자들은 그 이야기를 통해 글의 세계가 곧 '삶의 세계'임을 배웠다. 작가와 참여자 사이의 대화는 진지하면서도 따뜻했고, 매번 강연이 끝날 때마다 박수와 웃음이 이어졌다.

'와글와글' 글쓰기는 그렇게 글과 와인, 그리고 사람 사이의 온기로 채워진 모임이었다. 나에게도 이 시간은 단순한 커뮤니티 운영이 아니라, 글이 사람을 잇고, 이야기가 삶을 치유한다는 사실을 체감한 소중한 경험으로 남았다.

이끎주에서 글쓰기 수업을 한 지 몇 년이 지나자, 그 결과 수업을 받은 회원들의 책이 50권 넘게 정식으로 출판되어 교보문고 등 온·오프라인 서점에 깔렸다. 8권의 책을 출간한 작가도 있으며, 베스트셀러 작가도 생겼다. 전문적으로 글쓰기 강사로 활동하는 사람, 등단한 작가도 있다. 신문에 칼럼을 정기적으로 쓰는 사람도 있으며, 오마이뉴스에 글을 쓰는 사람, 브런치 작가로 활동하는 사람도 있다.

이와 같은 눈으로 보이는 가시적인 결과도 중요하지만, 무엇보다 회원들은 글쓰기를 재미있어 한다. 책을 낸 사람이나 내지 않은 사람 모두 책을 내고 싶어 한다. 이미 낸 사람은 한 권 더 쓰기를 원하고 내지 못한 사람은 올해는 책을 내고야 말겠다는 생각으로 글을 쓰고 있다.

그리고 이끎주를 그만두었지만, 올해 예전의 멤버를 모아 '오색오글'이라는 책쓰기 모임을 만들어 책을 쓰고 있다.

공감을 주는 글쓰기

독자의 마음을 움직이는 힘

글을 쓰는 과정에서 가장 중요한 요소 중 하나는 독자의 공감을 얻는 것이다. 공감이란 단순히 감정적으로 동의하는 것만이 아니라, 독자가 작가의 생각과 경험을 자신만의 시각으로 이해하고 받아들이는 것을 의미한다. 공감은 인간관계에서 중요한 역할을 할 뿐만 아니라, 글에서도 핵심적인 요소다. 공감이 없으면 독자는 작가의 이야기와 연결되지 못하고, 결국 그 글은 독자에게서 멀어지게 된다.

독자를 사로잡는 글의 핵심은 공감이다. 문학에서는 독자의 감성을 자극하여 공감을 이끌어 낸다. 시, 소설, 수필 등은 감정의 흐름을 통해 독자와 교감하며, 작가가 느꼈던 감동을 독자도 함께 느끼게 한다. 반면, 비문학에서는 논리와 사실을 통해 공감을 형성한다. 논문이나 칼럼, 자기계발서는 독자의 이성적인 이해를 돕고, 그 과정에서 공감을 끌어낸다.

이 두 영역의 경계는 명확히 구분되지 않으며, 논리와 감성이 만나는 지점에서는 독자가 감정적으로도, 이성적으로도 공감할 수 있는 글이 탄생한다. 자서전이나 전기, 또는 자아 성찰을 담은 글이다. 이처럼 공감은 문학과 비문학을 아우르며, 독자와 작가를 연결하는 중요한 고리로 작용한다.

글을 쓰는 사람이라면 독자의 공감을 이끌어낼 수 있는 다양한 방법을 생각해 볼 수 있다. 독자는 작가의 진실한 감정에 반응한다. 경험한 이야기를 솔직하게 풀어내는 것이 독자에게 다가가는 첫 번째 단계다. 이는 특별히 극적인 사건이 아니더라도, 일상에서의 작은 깨달음과 감정을 기록할 때도 해당한다. 독사는 자신과 닮은 점을 발견하며 자연스럽게 공감한다.

비문학에서도 감정은 중요한 역할을 한다. 논리적인 글일지라도 작가가 독자의 감정에 호소하는 부분이 있다면, 독자는 더욱 깊이 몰입한다. 자기계발서나 실용서에서도 독자의 필요와 감정을 이해하고, 그에 맞는 솔루션을 제공할 때 공감이 형성된다. 논리적 설득력과 함께 감성적인 요소를 적절히 활용하는 것이 효과적이다. 특히 글에 스토리가 가미된다면 가독성과 함께 공감의 폭이 커진다.

글을 쓰는 과정에서 가장 중요한 것은 독자를 이해하는 것이다. 독자가 어떤 생각을 할지, 어떤 감정을 느낄지를 고려하며 글을 써야 한다. 공감은 일방적인 것이 아니라, 독자와의 대화에서 시작된다. 독자가 어떻게 느낄지에 대한 배려와 관심이 담긴 글은 더 쉽게 공감을 얻는다.

공감을 얻지 못하는 글은 독자에게 흥미를 끌지 못하며, 설득력 또한 떨어진다. 그러나 공감을 통해 독자가 감정적으로나 이성적으로 연결된다면, 그 글은 독자에게 깊은 울림을 남기게 된다. 결국, 공감은 글의 생명력이라고 할 수 있다.

　글을 쓰는 동안 독자와의 소통을 염두에 두고, 자신의 진솔한 경험과 감정을 나누며, 논리와 감성이 균형 잡힌 글을 완성해 보자. 그 글은 독자에게 단순한 정보나 이야기를 넘어, 그들의 마음에 깊은 인상을 남기고 오래도록 기억될 것이다.

좋은 글의 기준은
문법보다 내용이다

많은 사람은 책을 쓰려면 복잡한 문법 규칙부터 완벽히 익혀야 한다고 생각한다. 그 생각이 글쓰기의 가장 큰 걸림돌이 되기도 한다. '문법을 잘 몰라서 글을 쓸 수 없다'라는 불안감 때문에, 정작 써야 할 이야기를 시작조차 하지 못하는 경우가 많다.

하지만 사실 문법은 글쓰기의 본질이 아니다. 기성 작가 중에서도 문법의 모든 규칙을 완벽히 알고 있는 사람은 드물다. 그들은 문법보다 '의미의 정확성'과 '표현의 생생함'을 더 중요하게 여긴다. 글은 결국 독자와의 소통이 목적이기 때문이다.

물론 기본적인 문법은 필요하다. 하지만 그것이 글을 쓰는 데 방해가 되어서는 안 된다. 글을 쓰는 과정에서 문법은 '틀'일 뿐, '핵심'이 아니다. 문장의 구조보다 더 중요한 것은 하고자 하는 말이 명확하고, 그 말에 진심이 담겨 있는가 하는 점이다.

게다가 요즘은 문법을 완벽히 알지 못해도 문제 될 것이 없다. 인터넷에는 맞춤법을 자동으로 검사해 주는 프로그램이 다양하게 제공되고 있으며, AI 도구를 활용하면 오탈자나 문법 오류를 빠르게 찾아 수정할 수도 있다. 이러한 기술은 글쓰기를 시작하는 사람이 '문법의 두려움'에서 벗어나, 진짜로 써야 할 '내용'에 집중할 수 있도록 도와준다. 결국 중요한 것은 문법이 아니라 표현의 용기다. 틀릴까 봐 멈추지 말고, 일단 써 내려가야 한다. 그리고 글은 쓰는 사람의 손끝에서 조금씩 다듬어지며 완성된다. 다음 몇 가지만 알아도 문장은 깔끔해진다.

단문은 주어와 술어가 하나로 이루어진 문장을 말한다. 물론 국어의 특성상 예외가 있을 수 있으나, 통상적으로 주술 관계가 한 번만 이루어진 문장을 단문이라 한다. 책쓰기 컨설팅을 하다 보면 초보자의 글을 자주 접한다. 초보자일수록 문장이 길고, 의미 전달이 명확하지 않은 경우가 많다. 가장 큰 이유는 문장이 불필요하게 길기 때문이다. 문장이 길어지면 주어와 술어가 호응하지 않거나, 목적어가 맞지 않고, 시제가 뒤섞이기도 한다. 문장을 짧게 쓰면 이런 오류는 상당 부분 줄어든다.

하나의 문장에는 하나의 의미만 담는 것이 좋다. 즉, 하나의 주어와 술어로 완결된 문장을 쓰는 것이다. 문장을 길게 써야 할 것 같으면 쉼표를 찍어 나누거나, 새로운 문장으로 전환해 의미를 분명히 하면 된다. 어떤 생각이 부족하다고 느껴지면 다음 문장에서 보충해 주면 된다. 심한 경우 한 문장이 한 단락이 되는 글도 있는데, 이는 독자가 뜻을 파악하기 어렵게 만든다. 한 문장 안에 주어와 술어가 여러 개 들어가면 복문이 되고, 문장이 복잡해질수록 의미 전달력이 떨어진다.

문장은 간결해야 한다. 간결한 문장은 군더더기가 없다. 한 문장에 같은 단어가 반복되거나, 형용사와 부사가 지나치게 많으면 문장이 늘어진다. 꼭 필요한 경우가 아니라면 형용사와 부사의 사용을 줄이는 것이 좋다. 또한, 한 문장에 같은 단어가 반복된다면 문장 구조를 바꿔 자연스럽게 정리한다.

특히 '것, 들, 적, 의' 같은 불필요한 표현은 문장을 무겁게 만든다. 예를 들어 '여러분들'은 '여러분'으로 충분하다. '것 같다', '~적인', '~의'와 같은 표현도 자주 등장하지만, 이를 줄이면 문장이 훨씬 매끄러워진다. '것, 들, 적, 의'를 버리면 문장이 가벼워지고 의미가 또렷해진다.

단락 구분도 중요하다. 내용이 바뀌거나, 시간과 장소가 달라지거나, 강조할 부분이 생길 때는 줄을 바꾸고 한 칸 띄어 단락을 나누자. 문단 구분은 독자에게 생각의 전환점을 알려주는 신호와 같다.

전문 작가가 아니더라도 글은 충분히 다듬을 수 있다. 자신이 쓴 글을 소리 내어 읽어보며 문장 길이, 단어 반복, 시제 일관성을 점검해 보자. 이런 과정이 바로 '퇴고'이며, 퇴고를 거듭할수록 글의 완성도는 높아진다. 한 문장은 가능하면 50~60자 이내로 쓰자. 아래한글 프로그램에서 글자 크기를 10pt로 했을 때 한 줄이 약 45자 정도 된다. 한 줄 반을 넘으면 문장을 두 개로 나누어 의미를 분명히 하자.

글을 쓸 때는 일단 끝까지 생각나는 대로 써 내려가고, 그 후에 퇴고하자. 퇴고 후에는 맞춤법 검사기를 활용해 오류를 잡는 것이 좋다. '퇴고는 하면 할수록 글에서 빛이 난다'라는 말은 결코 과장이 아니다.

"한 문장에는 하나의 의미만 담자, 그리고 50자가 넘지 않도록 하자."
"짧게, 명확하게, 정확하게"

이것이 좋은 글의 기본이다.

글쓰기의 길은
독서가 만든다

사람들은 어떤 것이든 최고를 최고로 좋아하는 것 같다. 1등만을 좋아하고 2등은 기억되지 않는 세상. 1등이 되기 위해 최선을 다해야 한다고 말한다. 하지만 살아보니 최고의 삶보다 최선을 다하는 삶보다 작은 것이라도 꾸준히 하는 삶이 더 중요하다는 것을 느꼈다. 꾸준히 하는 삶, 그것이 루틴이다. 최고의 행복보다는 작지만 확실한 행복을 꾸준하게 추구하는 소확행의 삶. 최고로 행복해지기 위해 최선을 다하지 않아도 은근하게 스며드는 행복.

술을 마시는 것도 루틴이고 술을 끊는 것도 나에게는 루틴이다. 금주하는 삶이라는 하나의 루틴이 생기자 또 다른 루틴이 생겼다. 독서다. 글쓰기는 원래 내가 가장 좋아하고 잘하는, 그리고 매일 하는 루틴이 된 지가 오래다. 하지만 독서는 그리 많이 하지 않았다. 아니 작가라는 타이틀을 가진 사람치고는 아예 책을 읽지 않는 정도였다. 언젠가는 책을 읽어야지 하는 생각만 가졌을 뿐 읽지 못했다. 차일피일 미루다 보니 벌써 나이가 들었다. 더는 늦출 시간이 없다고 생각했다.

책이란 하나의 세상이다. 책을 읽지 않는다는 말은 자신의 세상만 살다가 죽는 것을 의미한다. 많은 책을 읽을수록 많은 세상을 사는 것이란 생각이 들어 욕심이 생겼다. 물론 정독과 다독과 속독 중 어느 것이 좋으냐는 가치 판단에 대한 문제는 일단 보류하기로 했다. 읽다 보면 나 자신만의 판단이 설 것으로 생각했다. 나 자신에 최적화된 독서 방법을 찾을 수 있을 거로 생각했다.

최고가 되기 위해 최선을 다해 책을 읽지는 않는다. 다만 책 읽기를 루틴으로 만들기 위해 읽는다. 읽는 것이 재미있기 때문이다. 매일 읽으니 매일 재미가 있기 때문이다.

단시간에 많은 글을 쓰다 보니, 소재와 주제에 한계가 느껴진다. 독서는 인풋이고 말과 글쓰기는 아웃풋이다. 인풋이 있어야 아웃풋이 생기는데, 들어가는 것이 없으니 나오는 것이 빈약하다. 일단은 닥치고 읽기로 했다. 책은 누구나 한 권쯤은 쓸 수가 있다. 자신의 인생을 쓰면 되기 때문이다. 그렇기에 글쓰기를 제대로 하지 못하는 사람도 '무엇을 어떻게'만 알면 노력만으로 책을 쓸 수가 있다. 하지만 책을 읽지 않는다면 두 권, 세 권 쓰기는 어렵다. 소재와 주제를 찾기 힘들기 때문이다. 아는 것이 없고 체계적으로 정리할 수 없기 때문이다. 책을 쓰기 위해서라도 책을 읽어야 한다고 생각했다. 그러면서 생각한 것이 글쓰기의 길은 독서가 만든다는 것이다.

책쓰기 지도를 할 때, "닥치고 써"라는 말을 하곤 했다. 닥치고 쓰면 책이 되는 경우를 난 수도 없이 보아왔다. 그것을 독서에도 적용해 보려 시도한다. "닥치고 읽어" 읽다 보면 그다음 단계가 나올 거로 생각한다. 읽다 보면 아웃풋이 나올 거로 생각한다. 읽다 보면 책을 쓸 컨셉을 잡을 수 있을 거로 생각한다. 읽다 보면 말도 잘할 수 있을 거로 생각한다. 읽다 보면 누군가의 멘토도 되어줄 수 있을 거로 생각한다.

무엇보다 읽다 보면 길을 찾을 수 있을 거로 생각한다. 책을 읽지 않으니 다른 사람이 만든 길을 습관적으로 살아왔다는 느낌이 들었다. 이제는 남이 만들어 놓은 길이 아니라 나의 길을 만들고 싶다. 그 길을 찾는 길이 독서라 생각한다. 내가 해석하고 살아가는 삶이 의미 있는 내 인생이라는 생각이 들었다.

이제껏 많은 글을 썼다. '글을 쓰다 죽자'라는 생각을 하면서 하루 10시간 이상 글을 쓴 적이 있었다. 그렇게 쓰니 어떤 식으로든 책이 되었다. 이제 '책을 읽다 죽자'라는 생각으로 책을 읽는다. 그렇게 읽다 보면 분명 무언가 글쓰기의 길이 보일 것이다. 더 밀도 높게 살아야 할 이유가 된다. 잘 살아야 할 이유가 된다. 그 방법이 나에게는 아직 막연하다. 책을 읽다 보면 그 방법이 보이지 않을까 하는 막연한 기대를 한다. 그 막연한 기대는 점점 선명해질 것이다.

"도로는 노동과 장비로 만들지만, 글쓰기의 길은 독서가 만든다."

최고의 삶을 살기를 원하지 않는다. 최선의 삶을 살기도 원하지 않는다.

단지 매일 반복되는 루틴의 삶을 살고 싶다. 그 루틴에 재미를 담는 삶이기를 원한다. 독서뿐만 아니라 재밌는 루틴을 하나씩 만들어가다 보면 남은 삶이 더 재미있고 풍요로워지지 않을까? 소확행의 삶.

관공서의 프로젝트를 진행한 것은 다음과 같다.

1. 울산남구20년사 메인작가(주요업무부분 저술-총800PAGE 중 500PAGE)-울산 남구청(2017)
2. 울산愛, 마을공동체 꽃이 피다(울산 경제진흥원)-울산시청(2018)
3. 이름 없는 영웅들1-한국전쟁 참전 용사 자서전 지도작가-울산 중구청(2019)
4. 이름 없는 영웅들2-월남전 참전 용사 자서전 지도작가-울산 중구청(2020)
5. 이름 없는 영웅들3-중구 시장 상인 자서전 지도작가-울산 중구청(2020)
6. 다 함께 가자 다 함께 나누자(울산동구 자원봉사센터)-울산 동구청(2020)
7. 울산 마을기업 사례집-울산 경제진흥원(2020)
8. 우리 모두 다 예뻐(울산 동구 다문화 동화집)-울산 동구청(2022)
9. 울산 시민 자서전 쓰기-울산광역시청(2024)
10. 울산 시민 자서전 쓰기-울산광역시청(2025)
11. 울산 청소년 책쓰기-울산광역시청(2025)

이외에도 울산 경제진흥원에서 마을 스토리텔링 강의와 울산 약수 마을 스토리텔링 지도 강사로 활동하기도 했다. 또한, 울주군 두서 마을 행정복지센터에서 주민을 상대로 책쓰기 강의를 진행하기도 했다.

관공서 책쓰기 사례 및 각종 제안서

1장

관공서
책쓰기
사례

|| 윤창영 ||

울산 중구 시민 자서전 쓰기

2018년 한 해 동안 필자는 총 다섯 권의 개인 저서를 기획 출간했다. 그 해를 계기로 본격적인 책쓰기 및 자서전 쓰기 사업을 시작했다. 사무실을 얻고 간판을 '창아'로 달았다. 이는 '창작 아카데미'의 줄임말로, 글쓰기와 출판을 통해 사람들의 이야기를 세상에 전하고자 하는 뜻을 담고 있었다.

사업을 시작하고 얼마 지나지 않아, 포항에 사는 한 여성이 지인으로부터 소문을 듣고 연락을 해왔다. 그녀는 직접 쓴 원고를 가지고 있었지만, 전문적인 글쓰기 교육을 받은 적이 없어 내용은 진솔했으나 문장 구성과 형식 면에서는 미흡했다. 필자는 그 원고를 정성껏 퇴고하여 돌려보냈고, 얼마 후 그녀로부터 기쁜 연락을 받았다. 출판사와 출간 계약이 이루어졌고, 드디어 그녀의 책이 세상에 나왔다는 소식이었다. 그 소식을 들은 필자는 아내와 함께 직접 포항으로 내려가 출판을 축하해 주었다. 그녀의 얼굴에는 그동안의 노력과 감격이 고스란히 묻어 있었고, 그 모습을 보며 나 또한 큰 보람을 느꼈다.

그러나 책쓰기 사업을 막 시작한 나에게는 또 다른 과제가 남아 있었다. 바로 어떻게 '내 사업을 알릴 것인가?'였다. 홍보 수단이 마땅치 않았던 나는 무작정 중구 평생교육관을 찾아갔다. 명함을 내밀며 "저는 책쓰기와 자서전 쓰기 지도를 하고 있습니다"라고 인사드렸다. 마침 관장님이 나의 이야기를 들으시더니 "지금 자서전 지도를 맡을 분을 찾고 있습니다"라고 말씀하셨다. 그때까지만 해도 나는 자서전 지도를 해본 경험이 없었다. 그러나 주저하지 않고 "제가 하겠습니다"라고 대답했다.

그렇게 첫 자서전 쓰기 프로젝트가 시작되었다. 대상은 보훈대상자 13명이었고, 이들의 삶을 각자 한 편의 자서전으로 정리하여 한 권의 책으로 묶는 기획이었다. 우선 자원봉사자들을 모집해 간단한 자서전 쓰기 교육을 진행했다. 그들에게 인터뷰를 통해 이야기를 듣고, 녹취한 내용을 텍스트로 옮기는 방법을 하나하나 지도했다. 자원봉사자들이 완성한 초고를 필자는 다시 꼼꼼히 교정하고 다듬어 출판사에 넘겼다.

마침내 책이 완성되었고, 출판기념회가 열렸다. 주인공인 보훈대상자와 자원봉사자들이 모두 참석했으며, 중구청장님도 직접 자리하여 축하의 인사를 전했다. 행사는 작은 평생교육관의 한 학습실에서 열렸지만, 그날의 분위기는 그 어느 문학 행사보다도 뜨겁고 감동적이었다. 한 사람의 삶이 한 권의 책으로 남는다는 것, 그것을 통해 또 다른 사람의 마음에 울림을 전할 수 있다는 사실이 내게 큰 확신을 주었다.

그 행사는 지역 사회에서도 큰 반향을 일으켰다. 지역 신문에 보도될 만큼 관심이 뜨거웠고, 참석자들의 진심 어린 소감이 이어졌다. 사람들은 "보통 사람의 이야기가 이렇게 감동적일 줄 몰랐다"라며 눈시울을 붉혔다. 나 역시 그날의 감동을 잊을 수 없었다. 그렇게 뜻깊은 행사를 마친 지 1년이 지나, 2020년 평생학습관으로부터 다시 연락이 왔다.

"작년에 큰 호응이 있었으니, 올해는 두 권의 자서전을 만들어 보면 어떨까요?"

그 제안을 들은 나는 주저 없이 "좋습니다. 그렇게 하겠습니다."라고 답했다. 이후 작년과 같은 방식으로 자원봉사자와 팀을 구성하고, 인터뷰 및 녹취 과정을 체계적으로 진행했다. 그렇게 해서 두 권의 자서전이 완성되었다. 한 권은 월남전 참전 용사의 삶을 기록한 책이었고, 또 한 권은 시장 상인의 인생 여정을 담은 책이었다.

그 행사에 참석한 사람들의 삶은 전혀 달랐지만, 공통점이 있었다. 시대의 격랑 속에서도 묵묵히 자신의 길을 걸어온 평범하지만 위대한 인생이었다. 참전 용사는 전쟁의 참혹함 속에서도 나라를 위해 헌신했고, 시장 상인은 하루하루의 생계를 위해 구슬땀을 흘리며 가족을 지켜냈다. 그들의 이야기는 단순한 개인의 기록을 넘어, 울산 중구라는 지역이 걸어온 시간의 축적이었다.

이 작업이 단순히 책을 만드는 일이 아니라, 울산 중구의 살아있는 역사를 기록하는 일임을 절실히 느꼈다. 역사는 정치, 경제, 문화의 거대한 흐름 속에서 기술되곤 하지만, 진정한 역사는 바로 그 속에서 살아 숨 쉬는 평범한 사람들의 삶 속에 존재한다.

특히 울산은 1962년 시로 승격된 이후, 불과 수십 년 만에 대한민국의 산업수도로 성장한 도시다. 현대중공업, 현대자동차, 그리고 석유화학 산업단지가 조성되며 전국에서 가장 역동적인 산업 도시로 자리 잡았다. 한국의 근대 산업 발전사를 이야기하며 울산을 빼놓을 수 없는 이유가 바로 여기에 있다.

그중에서도 중구는 울산의 심장부였다. 산업화의 물결이 밀려들던 시절, 중구민들은 그 한가운데서 일하고, 살아내며, 도시의 바탕을 이루었다. 그들의 땀과 노력은 곧 울산의 성장 서사이자 대한민국의 발전사였다.

따라서 중구민의 자서전을 엮는다는 것은 곧 울산 산업화의 숨은 주역들, 즉 "이름 없는 영웅들"의 삶을 기록하는 일이다. 그들의 이야기를 한 줄 한 줄 써 내려가며 깨달았다. 역사는 거대한 사건으로만 쓰이는 것이 아니라, 평범한 사람들의 하루와 땀으로 쓰이는 것임을. 그렇기에 이 자서전 사업은 단순한 출판이 아니라, 삶이 곧 역사가 되는 과정, 그리고 그 역사에 이름을 남기는 조용한 헌사였다.

마을 스토리텔링

울산 애(愛), 마을공동체 꽃이 피다

우리나라는 개인보다는 마을 문화였다. 말은 생각과 감정과 삶을 반영한다. 영어는 '나'로 시작하지만, 우리나라는 '우리'로 시작한다. '여러분', '사람', '학생' 등 이런 단어 속에는 복수의 의미를 포함하며, 특별한 경우나 다른 것과 구분할 때 외에는 '여러분들', '사람들', '학생들'이라고 복수로 표현하지 않아도 된다. 영어식 표현에 익숙해져 어느새 '들'이란 복수를 의미하는 것에 '들'을 붙이는 것이 더 자연스러워진 경우도 생겼다.

우리에게는 '나'보다 '우리'란 말이 더 익숙하다. 마을은 나 혼자만으로는 구성될 수 없다. 공동체는 우리가 이루어 가는 것이다. 그렇기에 우리는 정서 세포에 '공동체' 유전자가 각인되어 있다.

그런데 세계화가 빠르게 진행되면서 삶의 패턴이 바뀌어 감에 따라 우리란 공동체 의식이 점점 희박해지고 있다. 외국의 삶의 방법을 무분별하게 수용한 결과 전통을 잃어버리고 현재 우리 사회는 많은 혼란에 빠져있다.

대가족에서 핵가족으로 변했다가 이제는 원룸에서 홀로 사는 1인 가구가 늘어가고 있는 시대가 되었다. 저출산 문제가 심각한 사회문제가 된 지 오래이며, 고령자가 늘어나 고령화 사회가 된 지도 오래되었다. 사회는 점점 소통되지 않으며, 우울증 환자도 늘어나고 있다. 자살률이 세계 1위이며 고독사도 늘어나고 있다.

이러한 일들이 우리 전통 마을의 정체성을 잃어버린 결과다. '함께'라는 마을의 정서가 '홀로'라는 정서로 바뀐 결과다. 이를 극복하기 위한 하나의 방법이 마을의 활성화다. 마을의 가치를 다시 되새기며, 나보다는 우리라는 우리나라 고유의 정서를 회복하여 더 행복한 삶을 추구하는 것이 마을의 발전 방향이 될 것이다. 그를 위해 우리가 가진 스토리를 발굴하고 그것에 의미를 부여하며, 더욱 발전된 방향으로 나아가기 위한 것이 스토리를 발굴하고 기록하는 것의 의의라 할 것이다.

요즘 청년들은 일자리를 찾아 수도권으로 떠난다. 산업과 문화, 교육의 중심이 한쪽으로 집중되면서 지역의 전통 마을은 점점 활기를 잃어가고 있다. 마을회관을 지키는 이들은 대부분 노인이다. 아이들의 웃음소리 대신 적막이 흐르고, 수백 년 이어온 공동체의 기억은 점차 희미해진다.

울산광역시 울주군만 하더라도 400개가 넘는 자연 마을이 존재한다. 그러나 행정구역상 이름만 남았을 뿐, 실제 공동체 기능을 상실해 가는 곳도 적지 않다. 지금, 이 순간에도 마을은 조용히 사라지고 있다. 만약 이 시점에서 그 마을의 이야기를 기록하지 않는다면, 몇백 년을 이어온 삶의 역사와 구전되어 온 이야기, 생활 풍속과 공간의 기억은 함께 사라질 것이다.

이 문제는 울주군만의 현실이 아니다. 전국 곳곳의 농어촌 마을이 같은 상황에 놓여 있다. 고령화와 인구 감소는 단순한 통계 문제가 아니라, '기억의 소멸'이라는 문화적 위기로 이어진다. 마을이 사라진다는 것은 단순히 집 몇 채가 없어지는 것이 아니라, 한 지역의 생활사와 정서, 공동체의 서사가 끊기는 것을 의미한다.

그래서 마을 이야기를 책으로 남기는 일은 단순한 출판 작업이 아니다. 그것은 지역의 시간을 붙잡는 일이며, 사라질 풍경을 기록하는 문화적 보존 활동이다. 마을은 없어질 수 있어도, 책은 남는다. 기록은 후대에 전해질 수 있고, 새로운 콘텐츠로 재해석될 가능성도 지닌다. 한 권의 책은 지역학 자료가 되고, 관광 자원이 되며, 교육 자료로도 활용될 수 있다.

이러한 마을 스토리텔링을 체계적으로 기획해 지자체에 제안한다면 지역적으로도 큰 의미가 있다. 행정은 예산을 통해 지역의 문화자산을 보존할 수 있고, 작가는 기획과 집필을 통해 정당한 수입을 얻을 수 있다. 문화 기록과 창작활동이 공공성과 경제성을 동시에 갖는 구조가 만들어지는 것이다.

필자 역시 두 차례 마을 스토리텔링 작업을 진행한 경험이 있다.

한 번은 마을공동체 이야기를 엮은 『울산 애(愛) 마을공동체 꽃이 피다』였다. 약 20개 마을을 직접 찾아다니며 주민들을 인터뷰하고, 공동체의 역사와 현재를 기록했다. 마을마다 서로 다른 색깔과 사연이 있었고, 그 속에는 산업화 이후에도 꿋꿋이 이어져 온 공동체 정신이 살아 있었다. 이 작업은 단순한 취재를 넘어, 사람과 사람을 잇는 시간이었다.

또 한 번은 울산 약수마을 스토리텔링 작업이었다. 약수마을은 삼국시대부터 존재해 온 유서 깊은 마을이다. 흥미로운 점은 '약수'라는 이름과 달리 지금은 약수가 존재하지 않는다는 사실이다. 과거 약수가 솟던 자리에 아파트가 들어섰기 때문이다.

이곳은 전통 마을과 아파트 단지가 공존하는 독특한 구조로 되어 있다. 한쪽에는 100년이 넘는 고택이 남아 있고, 다른 한쪽에는 현대식 아파트가 자리 잡고 있다. 과거와 현재가 한 공간 안에서 맞닿아 있는 모습이다. 필자는 오래된 집들을 사진으로 기록하고, 주민들의 구술을 바탕으로 글을 써 문집 형태로 엮어냈다. 사라질지도 모를 풍경을 사진으로 남기고, 구전되던 이야기를 활자로 옮기는 작업이었다.

이 경험을 통해 확신하게 되었다.

마을 스토리텔링은 단순한 기록 사업이 아니라, 지역의 정체성을 재발견하는 작업이라는 사실이다. 기록하는 순간, 마을은 단순한 생활 공간을 넘어 '이야기를 가진 장소'가 된다. 이야기가 있는 곳은 기억되고, 기억되는 곳은 다시 찾게 된다.

결국 중요한 것은 속도다. 마을이 완전히 사라진 뒤에는 기록할 수 없다. 지금 남아 있는 어르신들의 기억이 사라지기 전에, 오래된 집이 철거되기 전에, 우물과 당산나무가 잊히기 전에 기록해야 한다.

마을은 변해도 이야기는 남을 수 있다. 그리고 그 이야기를 책으로 남기는 일은, 한 지역의 시간을 미래로 건네는 일이다. 이런 기획이 지자체가 수용한다면 작가에게는 꾸준한 소득원이 될 수 있다.

다문화 동화 쓰기

우린 모두 다 예뻐

울산 동구 자원봉사센터에서 연락이 왔다. 동구에는 다문화 가정이 많고, 그곳의 여성들이 자신들의 나라 옛이야기를 직접 동화로 써서 책으로 만들어 보면 어떻겠냐는 제안이었다. 그 말을 듣는 순간 머릿속에 번쩍 떠올랐다. '그래, 이것도 하나의 출간 방식이 될 수 있겠구나.'

현재 우리나라에는 200여 개국에서 온 외국인 약 270만 명이 살고 있다. 전체 인구의 5%를 차지하는 규모다. 각 나라에는 그 나라 고유의 전통과 가치가 담긴 옛날이야기가 있다. 그 이야기들을 우리말로 옮겨 아이들에게 들려준다면, 그것은 단순한 전래동화가 아니라 '세계의 마음을 담은 동화책'이 될 수 있을 것이다.

자원봉사센터에서 아프가니스탄, 일본, 필리핀, 베트남 등 다문화 가정의 여성 8명을 모았다. 그중에는 아프가니스탄의 우리나라 기여자로 귀화한 여성분도 있었다.

필자는 각자 자신의 나라에서 전해 내려오는 옛이야기를 간단히 메모해 오게 한 뒤, 그 내용을 토대로 인터뷰를 진행했다. 그 인터뷰를 바탕으로 각국의 정서를 살리면서도 어린이들의 감성과 눈높이에 맞게 동화를 다시 써 내려갔다. 옛날이야기 속에는 아이들에게 다소 낯설거나 거친 표현도 있었지만, 그것을 그대로 옮기기보다는 사랑과 배려, 다양성의 의미가 살아나도록 다듬었다.

또한 책의 완성도를 높이기 위해 울산광역시교육청에 협조를 구했다. 동화책에서 삽화는 단순한 장식이 아니라, 이야기의 감정과 메시지를 시각적으로 전달하는 핵심 요소이기 때문이다. 어린이 독자들은 글보다 그림을 통해 더 깊이 감정을 느끼고 이야기에 몰입한다. 그래서 삽화의 역할은 매우 중요했다.

전문 일러스트 작가에게 의뢰할 수도 있었지만, 제작비가 많이 들 뿐 아니라 이번 프로젝트의 취지인 '나눔과 참여로 함께 만드는 책'과는 다소 거리가 있었다. 그래서 교육청의 도움을 받아 울산 애니원고등학교의 만화 관련 전공 학생들에게 삽화를 의뢰했다. 학생들은 봉사활동의 하나로 참여했고, 자신의 재능을 사회에 기여할 수 있다는 점에서 누구보다 열정적으로 임했다.

학생들이 각 나라의 옛이야기를 읽으며 상상한 장면을 스케치북 위에 펼칠 때마다, 그 순수한 시선과 창의력이 작품에 고스란히 담겼다. 색감은 따뜻했고, 선은 부드러웠으며, 각국의 문화적 특색이 그림 속에서 자연스럽게 녹아들었다. 그렇게 완성된 삽화들은 마치 이야기 속 등장인물들이 살아 숨 쉬는 듯 생동감이 넘쳤다.

완성된 그림을 받아보았을 때, 필자는 감탄을 금치 못했다. 전문가의 손끝에서 나온 작품 못지않게 수준이 높았고, 무엇보다도 학생들의 진심이 느껴졌다. 그들의 그림 덕분에 책은 한층 더 따뜻하고 풍성해졌다. 이 책은 단순히 다문화 여성들의 이야기만이 아니라, 울산 지역 학생들의 재능과 마음이 함께 담긴 '공동 창작의 결실'이 되었다.

그중 한 작품이 바로 「세상 꽃은 다 예쁘다」라는 제목의 동화였다. 이 제목이 곧 책의 상징이 되었다. 피부색이 다르다고, 국적이 다르다고, 우리와 다른 존재가 아니다. 우리는 모두 지구라는 한 정원에 피어난 아름다운 꽃들이다. 각자 색깔이 다르지만, 그 차이가 모여 세상을 더욱 다채롭고 풍요롭게 만든다.

이 책은 단순한 동화집이 아니다. '문화의 다양성을 이해하고 소통하는 첫걸음'이자, '서로 다름을 존중하는 마음을 키우는 교육서'가 되었다. 아이들은 이 책을 통해 자연스럽게 다른 문화와 언어, 생활방식을 접한다. 어릴 때부터 이러한 경험을 한 아이들은 자라서 다문화 사회의 중심 세대가 되었을 때, 타인을 이해하고 포용하는 마음으로 세상을 바라보게 될 것이다.

결국 이 책은 '다름 속의 조화'를 이야기한다. 그것은 우리 사회가 앞으로 나아가야 할 방향이기도 하다. 다문화 여성들이 자신들의 이야기를 한국어로 풀어내며 용기를 냈듯, 이 책을 읽는 아이들도 언젠가 자신만의 목소리로 세상과 소통하는 법을 배우게 되리라 믿는다.

울산 동구
자원봉사자의 책쓰기

함께 가자, 함께 나누자

책쓰기의 영역은 다양하다. 어떤 단체나 개인을 막론하고 자신들의 일이나 컨셉을 책으로 출간하고 싶은 마음이 있어도 그 방법을 몰라 못 하는 경우가 많다. 그런 만큼 작가의 책쓰기 프로그램을 적극적으로 홍보하여 일을 만들어야 한다. 다음은 울산 동구 자원봉사센터에서 진행한 책쓰기 경험이다.

봉사는 결코 특별한 사람들만의 세계가 아니다. 따뜻한 마음과 작은 실천의 의지만 있다면, 누구나 참여할 수 있는 삶의 또 다른 표현 방식이다. 그러나 현실 속에 많은 사람은 봉사를 '나와는 다른 사람들의 일'로 생각한다. 여유가 있고 시간이 많은 사람, 혹은 특별한 능력을 갖춘 사람들만이 할 수 있는 일로 오해하기도 한다. 실제로 봉사를 시작하지 못하는 이유 중 하나는 '무엇을, 어떻게 시작해야 할지 모르기 때문'이다. 정보 부족이 사람들을 봉사로부터 멀어지게 하는 것이다.

이러한 인식을 바꾸기 위해 울산 동구 자원봉사센터에서는 색다른 프로젝트를 시작했다. 바로 자원봉사자들이 직접 자신의 경험을 글로 써서 한 권의 책으로 엮는 '책쓰기 프로젝트'였다. 이 프로젝트는 단순히 책을 만드는 활동이 아니라, 자원봉사자 자신이 걸어온 길을 되돌아보며 '봉사의 가치'를 다시 발견하는 과정이기도 했다. 동시에 그들의 이야기를 통해 다른 사람들에게 봉사의 의미를 쉽게 전달하고, 봉사에 한 걸음 더 다가설 수 있도록 돕는 사회적 의미도 담고 있었다.

이 책은 특히 학교 현장에서 큰 반향을 일으켰다. 학생들의 자원봉사 활동 시간이 성적과 연계되어 있으므로, 교사들은 봉사활동의 안내자 역할을 맡아야 한다. 그러나 정작 선생님들조차 봉사의 개념과 실제 현장을 잘 모르는 경우가 많았다. 이 책은 교사들에게 실질적인 안내서가 되어, 학생들에게 더 현실적이고 의미 있는 봉사활동을 지도할 수 있도록 도왔다.

또한, 은퇴 후 제2의 인생을 준비하는 분들에게도 큰 울림을 주었다. 은퇴 후 사회와의 관계를 이어가고자 봉사활동을 시작하는 경우가 많지만, 준비 없이 참여하다 보면 금세 지치거나 방향을 잃기 쉽다. 이 책은 그런 분들에게 묻는다. "당신에게 봉사는 어떤 의미인가요?" 단순히 시간을 채우기 위한 일이 아니라, 즐거운 마음으로 자신이 진심으로 할 수 있는 봉사를 찾는 것이 중요하다는 메시지를 전한다. 자신에게 맞는 봉사를 발견할 때, 봉사는 더 이상 의무가 아닌 '삶의 활력'이 된다.

그렇기에 봉사는 결코 더럽고 힘든 일이 아니다. 오히려 사회를 건강하게 만드는 '비타민'이자 '에너지'이다. 누군가에게는 위로가 되고, 또 다른 누군가에게는 세상을 바라보는 시야를 넓혀주는 기회가 된다.

이 프로젝트에 참여한 자원봉사자 대부분은 한 번도 글을 써본 적이 없는 분들이었다. 그들에게 '책으로 엮일 글을 써보자'라는 제안은 설렘과 동시에 부담으로 다가왔다. 그러나 막상 펜을 들고 자신이 걸어온 삶을 되짚어 보니, 그동안 말하지 못했던 이야기들이 조용히 흘러나오기 시작했다. 그들은 봉사 현장에서 느낀 따뜻한 순간들, 때로는 눈물 섞인 기억을 담담하게 풀어냈다. 문장은 서툴렀지만, 그 안에는 삶의 진심과 사람 냄새가 고스란히 담겨 있었다.

필자는 그들의 글을 코칭하며 글쓰기의 기본 원리부터 차근차근 알려주었다. 하지만 무엇보다 중요했던 것은 형식보다 '마음의 진정성'이었다. 글을 잘 쓰는 법보다 '나답게 쓰는 법'을 먼저 배우도록 했다. 왜냐하면 글은 결국 자기 자신을 비추는 거울이기 때문이다. 그 과정에서 참여자들은 자연스럽게 자신의 인생을 돌아보게 되었고, 글쓰기는 어느새 단순한 기록을 넘어 자기 성찰과 치유의 과정이 되었다.

처음에는 모두가 두려워했다. "내가 쓴 글이 책으로 나온다고요?" "이 글이 과연 괜찮을까요?" 하는 불안이 많았다. 그러나 바로 이때야말로 책쓰기 코칭 작가의 역할이 빛나는 순간이었다. 나는 그들에게 말했다.

"글은 형식이 아니라 내용이 중요합니다. 문법이나 표현보다, 당신의 진심이 더 중요해요. 자유롭게 써보세요."

글쓰기의 가장 큰 걸림돌은 '잘 써야 한다'라는 압박감이다. 그 부담을 덜어주는 것이 바로 코치이자 작가의 역할이다. 필자는 참여자들이 글을 쓸 때 틀릴까 두려워하지 않도록, "괜찮아요, 어차피 퇴고는 제가 함께합니다. 지금은 그냥 마음속 이야기를 꺼내는 시간이에요."라고 늘 격려했다.

이처럼 글쓰기는 처음부터 완벽할 필요가 없다. 중요한 것은 솔직함과 진심이다. 초고 단계에서는 생각과 경험을 최대한 자유롭게 흘려보내고, 이후 퇴고 과정에서 문장을 다듬고 구조를 정리하면 된다. 작가가 그 완성도를 함께 끌어올려 주기 때문에, 참여자들은 부담 없이 자신만의 목소리를 낼 수 있었다.

결국 그들의 글은 문장력보다 마음 온도로 완성되었다. 한 문장 한 문장이 살아 있는 이야기였고, 봉사의 의미를 스스로 새롭게 발견한 '진심의 기록'이었다. 이 과정을 통해 참여자들은 깨달았다. 글쓰기는 특별한 재능이 필요한 일이 아니라, 자신의 삶을 사랑하는 법을 배우는 시간이라는 것을.

총 6주 동안 진행된 프로그램에서 각자의 원고가 모였고, 이를 다시 다듬어 한 권의 책으로 엮었다. 그렇게 탄생한 책의 제목은 『함께 가자, 함께 나누자』였다. 이 제목에는 봉사의 본질이 담겨 있다. 혼자가 아니라 함께, 나를 넘어 우리로.

이 책은 자원봉사의 현장을 기록한 한 권의 책이자, 이웃과 사회를 연결하는 다리이며, 더 나은 세상을 향한 작은 움직임의 증거이다. 봉사란 거창한 행동이 아니라, 누군가의 마음을 향해 한 걸음 더 다가서는 것임을 이 책은 조용히 일깨워 준다.

울산 시민
자서전 쓰기

역시 울산 사람이 좋다

울산광역시에서 '울산 시민 자서전 쓰기' 공고가 올라왔다. 그전까지만 해도 이 사업은 시청이 직접 추진하는 자체 사업이었으나, 2024년부터는 민간 보조사업자에게 위탁하는 방식으로 바뀌었다. 총예산 5,000만 원 규모의 의미 있는 공공 프로젝트였다. 필자는 이미 '울산이야기숲'이라는 이름으로 고유번호증을 가진 단체를 운영하며, 울산 지역의 이야기를 기록하고 자서전 쓰기 · 책쓰기 컨설팅 사업을 꾸준히 진행하고 있었다. 그래서 공고를 보자마자 '이건 바로 우리가 해야 할 일이다'라는 확신이 들었다.

울산이야기숲은 '사람의 이야기로 도시를 기록한다'라는 철학을 바탕으로 한 모임이었다. 그동안 여러 기관과 협력해 책쓰기 프로젝트를 진행하며, 글쓰기를 통한 개인의 성장과 지역의 정체성 회복을 돕는 활동을 해왔다.

그러나 시민 자서전 사업 도전에서 결과는 아쉽게도 '탈락'이었다. 선정된 곳은 지역의 한 신문사였다. 순간 실망감이 밀려왔지만, 냉정히 생각해 보면 울산이야기숲이 아직 공식적으로 검증된 단체가 아니었기에 충분히 이해할 수 있는 결과였다.

하지만 포기하기엔 너무 아까운 사업이었다. 그래서 필자는 직접 신문사를 찾아가 그동안 진행해 온 자서전 쓰기 및 책쓰기 사업의 사례를 설명했다. 다행히 그 신문사 내부에 필자의 지인이 있었고, 덕분에 설명과 협의는 순조롭게 이루어졌다. 결과적으로 필자는 '울산 시민 자서전 쓰기'의 대표 작가로 선임되어 박 대표와 함께 본격적인 사업에 참여하게 되었다. 그렇게 시작된 인연은 2025년까지 이어졌다.

사업의 첫 단계는 대상자 모집이있다. 우리는 공고를 통해 참가 희망자를 모집하고, 지역, 나이, 남녀 성별 등을 참작해 대상자를 선정했다. 그리고 대상자를 세 가지 유형으로 구분했다.

1. 스스로 자서전을 쓸 사람
2. 코칭을 통해 자서전을 쓸 사람
3. 인터뷰를 통해 자서전 대필을 할 사람

이렇게 분류함으로써 참여자의 역량과 상황에 맞는 맞춤형 접근이 가능했다. 단순히 '글을 대신 써주는' 것이 아니라, 참여자 스스로가 자신의 삶을 정리하고 기록할 수 있도록 돕는 것이 핵심 목표였다.

그 후에는 자서전 코칭 프로그램을 구성했다. 글쓰기 경험이 전혀 없는 시민들에게는 '자기소개 쓰기', '삶의 전환점 찾기', '감정의 언어화' 같은 기초 훈련부터 시작했다. 인터뷰 형 자서전의 경우, 대상자의 생애를 세 시기로 나누어 유년기, 성장기, 사회활동기 등으로 구분하여 구술 인터뷰를 진행하고 이를 정리해 원고로 발전시켰다. 이렇게 모인 원고들은 편집, 교정, 퇴고 과정을 거쳐 한 권의 자서전으로 완성되었다.

출판 과정에서도 작가로서 전 과정을 직접 참여했다. 출판사 선정, 디자인 협의, 교정 검토 등 세세한 부분까지 챙기며, 시민 한 사람 한 사람의 이야기가 '기록으로 남을 완성도를 갖춘' 작품이 되도록 정성을 다했다. 그렇게 출간된 자서전은 반응이 아주 좋았다.

2024년에 이어 2025년으로 이어진 사업에서 참가자 수도 14명에서 19명으로 늘었고, 구성 또한 다양해졌다. 가정주부, 자영업자, 회사원, 퇴직자, 그리고 포경선 포수까지. 세대는 30대부터 80대까지 아우르며, 울산의 산업 발전사와 함께 살아온 시민들의 생생한 삶이 펼쳐졌다. 각자의 삶은 다르지만, 그 이야기 속에는 한결같이 '울산을 살아낸 사람들의 저력과 희망'이 담겨 있었다.

특히 2025년은 울산에 있는 반구천 암각화가 세계문화유산으로 등재된 뜻깊은 해였다. 7,000년 전 선조들이 암벽 위에 생존과 소망을 새겨 넣어 인류의 유산으로 남겼듯, 오늘의 울산 시민들 역시 글을 통해 자신의 인생을 새겨 넣었다. 그들의 자서전은 현대판 암각화라 할 수 있다. 개인의 기록이면서 동시에 도시의 역사이고, 세대와 세대를 잇는 문화적 유산이라는 가치를 부여할 수 있었다.

시민 자서전 쓰기 프로젝트가 신문에 알려지면서 이 주의 최고의 뉴스라는 콘셉트로 KBS 방송에 필자가 대표작가로 참여하여 방송을 타기도 했다.

이 프로젝트는 필자뿐만 아니라 시민 개개인에게도 깊은 의미를 남겼다. 자신이 걸어온 길을 정리하며 성취와 성장, 그리고 극복의 순간을 다시 되새기게 되었고, 그 과정에서 자존감이 높아지고 삶의 방향이 선명해졌다. "내 이야기가 누군가에게 도움이 될 수 있다"라는 자각은 참여자에게 큰 자부심으로 이어졌다. 동시에 자서전은 가족과 후손에게 전해지는 가장 생생한 유산이 되었다. 사진이 한순간을 기록한다면, 자서전은 인생에 담긴 생각과 감정까지 기록한다.

무엇보다도, 시민들의 다양한 삶을 함께 기록하는 이 사업은 울산이라는 도시의 집단 기억을 만들어 가는 과정이었다. 서로 다른 직업과 세대, 배경을 가진 시민들의 이야기가 모이면서 울산의 정체성이 더욱 풍성해졌다. 나아가 지역 공동체의 공감과 연대의 토대를 다지는 계기가 되었다.

그런 의미에서 울산 시민 자서전 쓰기는 단순한 글쓰기 사업이 아니다. '나의 이야기'가 '우리의 역사'로 확장되는 기록 작업이었다. 한 사람의 인생을 통해 한 도시의 시간을 기록하고, 개인의 기억을 지역의 문화적 자산으로 바꾸는 울산만의 특별한 문화 프로젝트가 되었다.

마지막으로, 이 책은 시민의 눈높이에서 쓴 이야기이기에 거창하지 않았다. 누구나 쉽게 읽을 수 있고, 그 속에서 자신과 닮은 인생의 단면을 발견하게 된다. 독자들은 책을 읽으며 자연스럽게 자신의 삶을 돌아보게 되고, 지역 공동체와의 연결감을 새롭게 느끼게 된다. 바로 그 점이 '울산 시민 자서전 쓰기' 사업의 가장 큰 성과이자 존재 이유였다. 평범한 시민의 삶을 통해 도시의 품격을 높이는, 기록으로 이어지는 공감의 문화라는 큰 의미를 가진 사업이었다.

2장

책쓰기 제안서

부록

관공서 및 기업
베이비부머 세대
자서전 쓰기 제안서

[제안서] 울산 베이비부머 세대 자서전 발간 프로젝트

1. 사업 개요

사업명: 울산 베이비부머 세대 자서전 쓰기 프로젝트

배경 및 필요성:

- 1962년 울산 시 승격 이후 대한민국의 비약적인 산업 발전을 이끈 베이비부머 세대의 역할 재조명
- 산업화 주역들의 은퇴 시기에 맞춰 그들의 삶과 경험을 기록하여 지역 역사 자산으로 보존
- 개인의 기록을 넘어 울산과 대한민국의 근현대사를 기리는 공적 기록물 제작

2. 주요 사업 내용

기록 대상: 울산 산업화에 기여한 다양한 계층의 베이비부머

- **제조업/기업:** 현대자동차, 현대중공업, SK, S-OIL 및 온산·효문공단 임직원
- **중소기업/노동:** 협력업체 종사자, 건설 현장 노동자, 일용직 노동자
- **지역사회:** 시장 상인, 자영업자, 공무원, 문학·예술인 등

수행 공정:

1. **인터뷰 및 자료 수집:** 대상자 선정 후 생생한 구술 기록 및 관련 사료 수집

2. **집필 및 교정:** 전문 작가진에 의한 초고 작성 및 내용 보완

3. **출판 및 배포:** 완성된 기록물의 도서 발간 및 유관 기관 배포

3. 세부 추진 계획(7개월 공정)

단계	항목	주요 과업	기간
1단계	준비 및 홍보	프로젝트 기획, 대상자 모집 홍보	1개월
2단계	모집 및 인터뷰	대상자 확정 및 심층 구술 인터뷰 진행	2개월
3단계	초고 작성	인터뷰 기반 자서전 텍스트 구성	3개월
4단계	수정 및 보완	수록 내용 검수 및 디자인·교정 작업	1개월
5단계	출판 및 배포	최종 인쇄 및 성과 공유회 개최	계속

4. 기대 효과 및 활용 방안

역사적 가치: 울산 산업화 과정을 문자로 보존하여 소중한 역사적

자산으로 활용

교육 및 문화 콘텐츠:

- 지역 학생들을 위한 살아있는 역사 교육 교과 과정 활용

- 자서전 기반 다큐멘터리, 연극, 전시회 등 2차 문화 콘텐츠 제작

지역 정체성 및 통합:

- 베이비부머 세대의 자부심 고취 및 지역 정체성 확립

- 청년 세대와의 소통을 통한 세대 간 이해 증진 및 통합 기여

산업 관광 활성화: 산업 유적지 탐방 프로그램과 연계한 관광 자원화

5. 수행 기관 역량

제안 기관: 이야기 끓이는 주전자(인문학아카데미)

핵심 인력:

- **박미향 대표:** 예술기획 및 미술교육 석사, 30권 이상의 출판 컨설팅 수행, 저서 2권 출간

- **윤창영 대표작가:** 울산대 출신 시인·수필가, 울산 시청 자서전 쓰기 지도 강사 저서 16권 출간

본 제안서는 울산의 비약적인 산업 발전을 이끈 베이비부머 세대의 삶을 기록하고, 그들의 경험을 지역의 소중한 역사적 자산으로 보존하기 위해 작성되었다. 울산은 1962년 시 승격 이후 대한민국 경제 성장의 중심지 역할을 해왔으며, 그 과정에서 베이비부머 세대는 1970년대 공장 노동자로

시작해 1990년대 기업의 중추 인력으로 성장하며 헌신해 왔다.

본 프로젝트는 현대자동차, 현대중공업, SK 등 대기업 임직원뿐만 아니라 중소기업 종사자, 건설 현장 노동자, 시장 상인 등 울산 산업화의 모든 주역을 대상으로 한다. 자서전 작성 과정은 인터뷰와 자료 수집을 시작으로 초고 작성, 교정 및 보완을 거쳐 최종 출판 및 배포 단계로 진행된다. 전체 일정은 프로젝트 준비부터 출판까지 약 7개월 이상의 기간이 소요되며 단계별로 체계적으로 추진된다.

자서전 작성 시에는 사실에 기반한 진실성을 유지하고 다양한 계층의 목소리를 균형 있게 담아내는 것을 원칙으로 한다. 또한 인터뷰 과정에서의 개인정보 보호와 사진 및 문서의 저작권 준수를 철저히 관리한다. 발간된 자서전은 지역 학생들을 위한 역사 교육 자료로 활용되거나 다큐멘터리, 연극, 전시회 등 2차 문화 콘텐츠로 재제작되어 지역 사회에 환원된다.

이 프로젝트를 통해 베이비부머 세대는 자신의 노력이 인정받는 것에 대한 자긍심을 고취하고, 청년 세대는 선배 세대의 지혜를 배우며 세대 간 소통의 장을 마련하게 된다. 결과적으로 이는 울산의 지역 정체성을 확립하고 지속가능한 발전을 위한 소중한 밑거름이 될 것이다.

본 사업은 예술기획 전문가인 박미향 대표와 풍부한 집필 및 컨설팅 경험을 보유한 윤창영 대표작가가 소속된 '이야기 끓이는 주전자'에서 전문성을 바탕으로 수행한다.

공통 책쓰기 제안서

책쓰기 제안서

1. 개요

울산 인문학의 메카로서, 당신의 소중한 경험과 이야기를 책이라는
보배로 만들어 드립니다.

2. 책쓰기의 가치와 의미

- **인생 정리:** 자신의 경험과 서사를 되돌아보는 기회 제공.
- **자아실현:** 작가라는 정체성을 통해 자신감과 자존감 향상.
- **전문성 확보:** 해당 분야의 전문가로 인정받고 강사 등 대외 활동
  의 발판 마련.
- **사회적 기여:** 지혜와 노하우를 공유하며 독자들에게 긍정적 영향
  전달.
- **인류적 기록:** 개인의 흔적을 남기는 것은 인류 발전의 기반이 되

는 지혜의 보관소 역할을 함.

3. 주요 서비스 및 컨설팅 종류

책 출간 컨설팅

- **개인 맞춤**: 컨셉 설정부터 목차, 본문, 투고, 출간까지 전 과정 밀착 지도.

- **소그룹('나는 작가다')**: 3~5인 그룹이 함께 집필하는 프로그램.

- **온라인/클라스유**: 온라인 강의 및 메일 피드백을 통한 비대면 지도.

- **대중 워크숍**: 학교, 도서관, 기업 등 기관 대상 집단 쓰기 과정.

자서전 쓰기 컨설팅

- 베테랑 작가의 심층 인터뷰와 자료 조사를 바탕으로 한 맞춤형 제작.

- 기업인(경영 노하우), 정치인(홍보), 공동체(지자체 기록), 일반인 자서전 등 운영.

스토리텔링 및 사사(社史) 컨설팅

- **브랜드 스토리텔링**: 브랜드에 '스토리'라는 옷을 입혀 가치를 극대화.

- **마을공동체 사업**: 지역 주민의 이야기를 발굴하여 문화관광 콘텐츠로 활용.

- **기업사(社史)**: 기업의 역사를 기록하여 임직원의 자긍심을 높이고 미래 비전 수립의 기초로 활용.

4. 진행 프로세스

[컨셉 책쓰기 과정]

1) **준비:** 동기부여 및 집필계획서 작성.

2) **시작:** 막 쓰기 및 인생 주요 뉴스 작성.

3) **컨셉 잡기:** 주제/구조 결정 및 목차 정하기.

4) **본문 쓰기:** 자신 있는 부분부터 내용 전개.

5) **초고 완성:** 목차 수정 및 본문 재구성.

[자서전 진행 방식]

1) **견적 및 제안:** 상세 견적 협의.

2) **심층 인터뷰:** 8~10회에 걸친 생애사 청취.

3) **목차 및 본문 작성:** 인터뷰 기반 집필.

4) **퇴고 및 협의:** 고객과 함께 2~3차 수정 진행.

5) **출판 준비:** 최종 감수 후 출판사 원고 의뢰.

5. 기대 효과

- 콘텐츠에 스토리를 입힘으로써 가치를 정립하고 홍보 효과를 극대화할 수 있습니다.
- 지자체 및 공공기관의 경우 역사 기록을 통해 조직 정체성을 강화하고 정책 수립의 근거를 마련할 수 있습니다.

1. 책쓰기의 본질적 가치와 기록의 의미

모든 개인의 삶은 그 자체로 인류 발전의 기반이 되는 소중한 경험과 지혜의 보관소이다. 우리가 살아간 흔적을 책으로 남기는 것은 지구에 발을 딛고 살아온 시간을 기념하는 특별한 행위이다. 오늘날은 누구나 자신의 이야기를 책으로 출간할 수 있는 '1인 1책'의 시대이며, 책쓰기는 단순한 기록을 넘어 인생을 정리하고 자아실현을 이루는 핵심적인 수단이 된다. 작가로서의 정체성을 확보하는 것은 개인의 자존감을 높일 뿐만 아니라, 특정 분야의 전문가로서 입지를 다지고 지식과 경험을 사회와 공유하는 기쁨을 선사한다.

2. 맞춤형 책 출간 및 컨설팅 프로그램

본 아카데미는 학습자의 상황과 목적에 맞춘 다각적인 컨설팅 서비스를 제공한다. 첫째, '컨셉 책쓰기' 과정은 주제와 구조를 세밀하게 계획하여 한 권의 완성된 저서를 목표로 한다. 개인 맞춤형 지도부터 3~5인이 함께하는 소그룹 프로그램 '나는 작가다', 그리고 시공간의 제약을 넘는 온라인 클래스 및 메일 피드백 과정을 운영한다. 또한 학교나 도서관, 기업 등 기관을 대상으로 하는 대중 워크숍을 통해 집단 집필의 장을 마련한다. 둘째, '자서전 쓰기'는 개인의 생애사를 기록하는 회고록 형식으로 진행된다. 이는 베테랑 작가와의 심층 인터뷰와 철저한 자료 조사를 기반으로 하며, 기업인의 경영 노하우, 정치인의 정체성 홍보, 일반인의 삶의 기록 등 대상에 최적화된 결과물을 도출한다.

3. 브랜드 및 공공 역사의 스토리텔링

현대는 '콘텐츠와 스토리텔링'의 시대이다. 아무리 훌륭한 가치를 지닌 대상이라도 적절한 스토리가 부재하면 그 의미를 전달하기 어렵다. 브랜드 스토리텔링은 브랜드에 이야기라는 옷을 입혀 가치를 극대화하고 홍보 효과를 높이는 작업이다. 기업의 경우, 성장 과정을 담은 '사사(社史)' 제작을 통해 임직원에게 자긍심을 심어주고 미래 비전을 수립하는 초석을 마련할 수 있다. 또한 지방자치단체나 공공기관의 역사를 전문가의 필치로 기록하는 것은 모든 정책 수립의 기초가 되며, 지역 공동체의 정체성을 확립하는 중요한 문화적 자산이 된다.

4. 체계적인 집필 프로세스

모든 컨설팅은 과학적이고 단계적인 절차를 거친다. 집필 과정은 동기부여와 계획서 작성을 시작으로, 인생의 주요 뉴스를 정리하는 '막 쓰기' 단계를 거친다. 이후 명확한 콘셉트와 목차를 설정하고 본격적인 본문 집필에 돌입한다. 초고가 완성되면 목차 수정과 재구성을 통해 완성도를 높인다. 자서전의 경우, 8~10회에 걸친 심층 인터뷰를 통해 생생한 목소리를 채록하며, 2~3차에 걸친 정밀한 퇴고와 고객 협의 과정을 통해 신뢰도 높은 원고를 완성하고 최종 출판으로 연결한다.

5. 기대 효과 및 결언

본 프로그램을 통해 탄생한 책은 개인에게는 인생의 보람과 전문적 자산이 되고, 조직과 기업에는 대체 불가능한 브랜드 가치를 제공한다. '이야기 끓이는 주전자'는 울산 인문학의 메카로서, 가슴 속에 잠들어 있는 개개인의 이야기를 보석처럼 빛나는 책으로 꿰어내는 든든한 조력자가 될 것이다.

쓰는 사람으로
남는다는 것

글은 끝에서 완성되는 것이 아니라, 계속 이어지는 과정 속에서 깊어진다. 이 책 또한 하나의 결론이라기보다, 지금까지 걸어온 시간 위에 잠시 놓아둔 쉼표에 가깝다. 돌아보면 나는 수많은 사람의 이야기를 글로 옮기며 살아왔고, 그 과정에서 삶을 바라보는 시선 또한 조금씩 달라졌다. 글은 언제나 타인의 이야기에서 시작되었지만, 결국 다시 나 자신에게로 돌아왔다.

누군가의 삶을 대신 정리해 주고, 그 안에 숨어 있던 의미를 찾아 문장으로 엮는 일은 생각보다 깊은 책임을 요구한다. 그것은 단순한 기술이나 표현의 문제가 아니라, 한 사람의 시간을 이해하고 존중하는 태도에서 비롯된다. 그래서 글을 쓴다는 일은 늘 조심스럽고, 동시에 묵직하다. 그 무게를 감당하는 만큼, 글은 점점 더 삶과 닮아간다.

이 책을 읽고 있는 당신 역시 어쩌면 마음 한편에 '나도 써보고 싶다'는 생각을 품고 있을지 모른다. 혹은 이미 쓰고 있으면서도, 그것이 과연 길이 될 수 있을지 고민하고 있을지도 모른다. 그 질문은 아주 자연스럽고, 또 필요한 과정이다. 다만 그 고민이 시작을 늦추는 이유가 되지는 않기를 바란다.

글은 거창한 결심에서 시작되지 않는다. 아주 사소한 기록, 짧은 문장 하나에서 출발한다. 그리고 그 작은 시작들이 쌓여 어느 순간 하나의 방향을 만든다. 중요한 것은 속도가 아니라 지속이다. 쓰고, 멈추고, 다시 쓰는 그 반복 속에서 글은 조금씩 단단해지고, 자신만의 결을 만들어 간다.

우리는 종종 결과를 먼저 떠올린다. 이름이 알려진 작가, 안정적인 수입, 인정받는 글. 하지만 그 모든 것은 결국 시간의 축적 위에 놓인다. 보이지 않는 시간 동안 쓰고 또 쓰는 사람만이, 어느 순간 자신의 자리를 발견하게 된다. 그러니 지금의 작은 시도들을 가볍게 여기지 않았으면 한다. 그것이 쌓여 당신만의 길이 된다.

세상은 여전히 새로운 이야기를 기다리고 있다. 이미 수많은 콘텐츠가 넘쳐나고 있지만, 사람의 마음을 움직이는 것은 언제나 '진짜 이야기'다. 누군가의 경험에서 비롯된 문장, 진심이 담긴 한 줄의 고백, 그것이야말로 오래 남는다. 그리고 그런 글을 쓰는 사람은, 언제나 필요하다.

글을 직업으로 삼는다는 것은 단순히 돈을 버는 수단을 갖는 것이 아니다. 그것은 세상과 관계 맺는 하나의 방식이다. 글을 통해 우리는 누군가와 연결되고, 또 다른 누군가에게 닿는다. 그 과정에서 자신의 존재 또한 조금 더 또렷해진다.

나는 이 책을 통해 특별한 비결이나 빠른 길을 말하고 싶지 않았다. 대신 하나의 방향을 나누고 싶었다. 글을 바라보는 시선을 바꾸는 것, 그리고 그 시선 위에서 꾸준히 써나가는 것. 그것이 결국 가장 현실적인 방법이라는 것을 전하고 싶었다.

글은 재능만으로 완성되지 않는다. 반복되는 시간 속에서 다듬어지고, 포기하지 않는 태도 속에서 자라난다. 때로는 막막하고, 때로는 흔들리겠지만, 그 모든 시간 또한 글의 일부가 된다. 그래서 쓰는 사람은 결국 자신의 시간을 배신하지 않는다.

어느 순간 뒤돌아보면, 처음에는 희미했던 길이 분명하게 이어져 있는 것을 보게 될 것이다. 그리고 그 길 위에는 수많은 문장과 시간이 함께 놓여 있을 것이다.

지금 이 순간에도 어딘가에서 누군가는 자신의 이야기를 시작하고 있다. 그리고 그 시작은 언제나 한 줄의 문장에서 비롯된다.

당신이 지금 쓰고 있다면,
이미 충분히 시작한 것이다.

2026년 4월

박미향, 윤창영